anímicas

Copyright 2023 © Gandhy Piorski

Editora **Renata Farhat Borges**
Editora assistente **Ana Carolina Carvalho**
Projeto gráfico e ilustrações **Silvia Amstalden**
Revisão **Mineo Takatama**

Dados Internacionais de Catalogação na Publicação (CIP) de acordo com ISBD

P662a   Piorski, Gandhy
          Anímicas / Gandhy Piorski. - São Paulo: Peirópolis, 2023.
          208 p.; 13cm x 18cm.

          ISBN: 978-65-5931-290-0

          1. Educação. 2. Infância. 3. Imaginário. I. Título.
                                                     CDD 370
2023-3133   CDU 37

Elaborado por Vagner Rodolfo da Silva - CRB-8/9410

Índice para catálogo sistemático:
1. Educação 370
2. Educação 37

Editado conforme o Acordo Ortográfico da Língua Portuguesa de 1990.
São Paulo. 1ª edição. 2023

Todos os direitos reservados para Editora Peirópolis
Rua Girassol, 310f – São Paulo – SP
T. (55 11) 3816-0699
vendas@editorapeiropolis.com.br

anímicas

gandhy piorski

Para Cacau

sumário

Prefácio 8

Introdução 14

A CRIANÇA E SEUS GESTOS
Retorta da imagem 22
Estaleiros de brincar 28
As obras da criança I: seres do paraíso 33
As obras da criança II: domínio 40
As obras da criança III: a perda da alma 45
A criança e o fulgor da visão 49
Os gestos da criança I 57
Os gestos da criança II 66
Os gestos da criança III 74
O gigante: a criança 80
O fantasma, a criança e as fronteiras 86

A CRIANÇA NO MUNDO
A criança e a dor em Jean-Michel Basquiat 94
A criança divina e a desonra de um inocente 97
A disenteria dos reis: devemos guardar nossas crianças! 102
A menina Ártemis: a deusa da lonjura em Greta Thunberg 108
A função do inquietante e o começo da vida 116
Auspício de voo no brincar 127
O brinquedo do pobre 145

A criança e a ordem esferoidal 149
De die natali: a criança e o anjo que guarda 156
O lugar da criança 163
O corpo, o risco e o brincar 168
Naves, carapaças e armaduras: tecnologias nos contos de fadas 175
O riso nos contos de fadas 179

A CRIANÇA NA CASA
A criança e a casa 186
Do porão 188
A cozinha, o fogo, a criança 191
A criança e o quarto 194
O abrigo onírico 197
Dos que moram e dos que escoam 201

Prefácio
Pollyanna Franfes Xavier

Uma travessia. Um livro que perpassa vastas paisagens internas, plenas de diversidade. Seus textos revelam veredas que convidam a adentrar florestas, alçar voos, escalar morros e mergulhar em profundezas. Cabe a você, leitor, traçar seus rumos. *Anímicas* apresenta múltiplas possibilidades de leitura, caminhos a serem desbravados, cheios de novidade e surpresa a cada incursão.

Li estes textos como recados independentes entre si, que podem ser percorridos de forma bastante subjetiva. Aqueles que tiverem a sorte e o privilégio de transitar por estas páginas poderão também recebê-los no tempo, da forma e com a dimensão que mais sentido tiver e couber a cada leitor. Não é um mapa, mas um convite à deriva que levará cada um à sua própria jornada.

Peço licença, antes de você iniciar sua caminhada, para falar da minha leitura-percurso. Falar de como me chegaram as ideias, miudinhas, a contrapelo, nas ausências de explicações, nos textos que não tutelam o leitor. Contar de como me encantaram as ideias lançadas como luzinhas de vaga-lume, pois o caminho se ilumina enquanto andamos. Surgem aqui e ali esses pontinhos que nos atraem para lugares antes escuros.

Enxerguei palavras-picos, cumes. Naqueles em que uma mineira, belorizontina como eu, sobe para ampliar horizontes, ver mais longe, fugir dos paredões de morros que barram a vista, que protegem, mas nos fazem ver uns aos outros com mais frequência, quase forçosamente, porque o olhar só pode alcançar o que está ao lado. Os recados me diziam para subir e olhar lá do alto, alargar a vista.

É difícil ver longe quando estamos cercados. Mas, cercados de morros, podemos escalá-los e ver além. Ver o que está dentro da cerca, olhando de cima, e ver também o lado de fora, distante. Ali de cima, vemos a superfície de tudo e podemos decidir caminhos. Vemos outros picos. Exige esforço e vontade chegar ao topo. Lá do alto, depois do descanso, depois de apreciar a paisagem, vem sempre a descida.

Podemos escolher uma descida abrupta, que aproveita a força da gravidade, mas sem a mesma duração de uma descida apreciativa e atenta. Lá do alto, a gente também vê os lagos e rios, como espelhos e serpentes. Lá do alto, eles também são superfícies, mas podemos intuir o caminho até essas águas, apreciá-las das margens, molhar apenas os pés ou mergulhar inteira. Podemos navegar.

Para mim, essas palavras-espaço foram assim, uma ampla paisagem vista do alto, que abre horizontes, alargados, imensos.

Mas que nos trazem para o chão transformados e mostram onde, se quisermos e tivermos coragem, podemos mergulhar. Da duração da descida e da profundidade dos mergulhos depende o quanto crescerá nosso território interno. Descer e mergulhar com presença e inteireza nos dará um universo todo.

Além de morros para escalar, tive a sorte de ter o sertão como quintal da infância. Aquele sertão de Guimarães Rosa, que também demanda muita coragem para enfrentar, e onde até Deus, se for, que vá armado. Enveredar-se pelo sertão é ato de coragem, que transforma. Atravessar *Anímicas* foi como atravessar o sertão e sair melhor, fortalecida e grande. Saí com memórias reavivadas, reveladoras, enraizadas.

Tendo sido menina que conheceu o sertão, que brincou no cerrado, aprendi que o chão guarda muitos segredos. Assim como os morros guardam os maiores e mais cobiçados tesouros, o cerrado, uma floresta invertida, bioma dos mais antigos, que vem testemunhando a história do mundo e que é o próprio mundo ("o sertão é em toda parte"), guarda o que só alcançamos com imaginação vasta.

Acima do chão, as árvores são pequenas, espaçadas, retorcidas. Com flores muito coloridas para chamar a atenção dos polinizadores e garantir sobrevivência. Abaixo do solo, longas e profundas raízes, de suma importância para os aquíferos. O sertão é guardião das águas. O sertão roseano é o coração fluvial da América do Sul. Nele estão as nascentes das principais bacias do continente. O sertão é encruzilhada e o cerrado, doador do que é mais essencial à vida.

Os escritos-caminhos aqui iluminam memórias de infância. De infância vivida de verdade e com verdade. De quem seguiu Pastorinhas e Folias pelas ruas, à noite, de quem visitou muitos presépios, subiu muitas árvores, se embrenhou em bambuzais em busca de Sacis, pescou em açudes de onde, a qualquer momento, poderia sair a Mãe d´Água e fez joias de Lágrimas de Nossa Senhora.

Essa infância, que parece idílica e distante, que parece ficcional quando olhamos para as infâncias urbanas contemporâneas, não só existe em *Anímicas* como é quase palpável. Ela habita lugares às vezes esquecidos, mas que guardam raízes longas e profundas, como as do sertão. Ela, que é cerrado, que sobrevive há bilhões de anos e guarda tesouros que garantem a vida.

As palavras aqui também nos alertam sobre a degradação, sobre os perigos da monocultura e da mineração, porque também é preciso lembrar que menosprezamos a diversidade. É preciso lembrar que a Terra reage e que o capital vem minando a vida. Quando o cerrado vira soja, o solo empobrece, as raízes ficam curtas e os aquíferos morrem. Quando a mata vira pasto, o ar fica pesado, os rios se tornam escassos.

Assim, todo mundo morre um pouco. É preciso lembrar que não cuidar da infância-cerrado nos adoece e destrói a todos. De onde irá manar a vida? De onde partirão as nascentes? Onde os caminhos vão se encontrar? Onde estarão os sumidouros, como aquele da Gruta de Maquiné? Também precisamos dos mistérios da Terra. Também precisamos preservar os tesouros, deixando-os protegidos.

As crianças e os doidos são recadeiros, como também nos ensina Guimarães, n'*O recado do morro,* numa viagem pelo sertão, pelo Panteão e pelo cosmos. Gandhy nos lembra das crianças, mas também dos doidos. Os únicos que se interessam em ouvir e passar adiante o recado de vida e de morte. Lembra-nos de que precisamos ouvir o recado que eles nos trazem para seguir vivendo, com coragem.

Se sua paisagem é rio, vá até a margem, contemple, mergulhe. Construa sua canoa e navegue pela terceira margem. Se é mata, embrenhe-se, ouça, delicie-se com a luxúria da diversidade inebriante. Se é mar, deixe-se seduzir pelas profundezas e pelo balanço das ondas, com respeito e cuidado. Se é montanha, trilhe, suba, deixe-se arrebatar com a amplidão da paisagem. Aventure-se!

Desejo, leitor, que as palavras aqui lhe inspirem também muitas memórias e muitos caminhos. Espero que elas cheguem como vaga-lumes a guiar uma travessia que é só de vocês. Que cada uma e cada um que puder ler deixe-se vaguear para novas direções, com a vontade e a coragem que lhe couber, para chegar aonde conseguir: longe, vasto, profundo e cheio de tesouros.

Introdução

Anímicas é uma coletânea de reflexões livres acerca da criança. Sua construção é espontânea, não se atém aos rigores conceituais, e reflete o desejo de observar a cultura em seu apetite discriminatório para o começo da vida humana. Sabemos, desde muito, que pouca hospitalidade, pouca recepção a cultura tem tido capacidade de oferecer à criança. Pouco há de fruição anímica, de alimento estético, de cosimentos mnêmicos. Aquele cerzir dos dias, o miúdo dos atos, o ocaso perdido na dispensação de devaneios, a possibilidade de imantar imagens num beco, numa porta velha, num quintal, no canto de uma velhice, no corpo amargo de uma queda, tem se transformado – pelo discurso corrente – em coisa do passado, em melancolia, em um outrora mais feliz. Já falamos de criança quase num passado. Pois o postulado civilizatório denominado infância, hoje, é sinônimo de escolarização, é matéria-prima para se produzir mecanismos de domesticação, é uma fatia gorda do mercantilismo.

Os breves textos aqui reunidos foram produzidos como pontuações de uma pesquisa mais ampla. Uma pesquisa que, desde seu início, é auscultante dos pulsos da condição criança no imaginário humano. Nasceram todos eles relacionando a criança no mundo com imagens criadas por elas próprias e imagens da vida adulta, como fatos políticos, violências coletivas, políticas públicas e cotidiano. Também algumas imagens construídas pelas próprias crianças. Os textos elaboram-se percebendo os desdobramentos sociais e culturais envolvendo a criança.

Nosso interesse maior é denotar como a criança, em sua alma, absorve as ferroadas do tempo e responde a elas. Tal resposta, na maioria das vezes silenciosa, é a porta de entrada de cada um destes textos. Portanto, mesmo num comentário sobre fatos políticos em que o gesto propriamente da criança não está presente, há um exercício fenomenológico dando relevo ao estado, à qualidade criança, testemunhando os fatos, testemunhando o tempo. Tal estado, tal qualidade é uma sensitividade da consciência humana, em seu início de vida, solvendo animicamente – numa afetividade mágica e ficcional – as dores do tempo. Mas não só as dores, também suas forças criantes, sua feição degenerativa, sua transmutação dos modos de viver.

O tempo, para a criança, traz um halo encantante. Tal halo é a emanação do recurso de eternidade que move o tempo. O tempo se move como uma operação da eternidade em nosso imaginário, em nossa memória. A criança, como em nenhuma outra fase da vida humana, é um estado testemunhal desse aspecto eterno. Relaciona-se com tal númen desejando-se fiadora do imorredouro.

A eternidade, no começo de nossas vidas, mais nos fala desde a matéria do que do anúncio de algum representante do céu. Pois a matéria, em nossas descobertas primeiras, é coisa dura, pesada, antiga, forte, grande, durável e muito lenta. Quem mais nos ensinou lentidão não foram as lições de moral de nossa mãe ou da professora ou do sacerdote, mas uma tijolada despencada, numa pressa de manejo, na unha do dedão de nosso pé. Foi o gume da faquinha, ao cortar o dedo, por descascar uma laranja com avidez, quem nos melhor informou do trato certo com as coisas. Foi uma longa tarde de calor no asfalto quente, brincando descalços de amarelinha, que nos *enformou,* no corpo, a vontade em querer durar. A matéria resiste perante a criança como uma perene possibilidade de complexificação e aprimoramento de sentimentos, sensos e perspicácias da alma, resiste como uma vida óssea que nos ergue por dentro.

Portanto, no capítulo primeiro encontramos a criança em seus gestos, no desdobramento de seu próprio corpo, no encontro com sua própria matéria corporal, com sua organicidade e as imagens que dela nascem, numa imaginação arquetípica que provém desde o tecido mnêmico celular até suas brincadeiras.

No segundo capítulo encontramos a criança no mundo, ela e sua luta titânica com a cultura, ela e sua cumplicidade com a manutenção da vida, a resistência ao tempo social, ao cinismo da cristalização adulta, ao abocanhamento institucional ávido por enquadrá-la no pífio e totalmente enlodaçado terreno da moralização. Enlameado, porém muito eficaz para fins de domesticação.

No terceiro capítulo encontramos a criança na casa, na matéria arquitetônica que, em si, já é uma matéria civilizada. A criança rasteja, se esconde, procura as sombras, faz choupanas e abrigos, abre rasgos, cria-se nos sabores, abraça, chora e sente medo nos compartimentos de matéria que serão responsáveis por nossos mais duradouros sonhos. A criança brinca na casa civilizada sondando a caverna primitiva, testando fugas, investigando coragem, buscando intimidade, aproximando-se da interioridade para atestar o mais vital dos sensos: pertencer. Os compartimentos do quarto, da sala, da cozinha e todos os outros são arquitetados no interior da criança no contato indelével com as matérias arquitetônicas da morada. Mas não só; são também arquitetados com as matérias quentes dos amores, violências e esperanças – a maioria inconscientes e, portanto, mais sonháveis – movendo-se nos corpos de sua família.

Anímicas nasceu de uma gentileza, uma amiga reuniu esses textos escritos ao longo de um período espaçado, postados em *site* e redes sociais, alguns publicados em revistas, outros não publicados, e presenteou-os a mim, de volta, como um projeto, gentilmente organizado, de um livro. Não havia nenhuma pretensão de publicá-los, mas surgiu essa possibilidade pela forma convincente do gesto. Portanto, agradeço à Pollyanna Xavier por sua atitude atenciosa em fazer nascer esse pequeno *Anímicas*. Também quero agradecer à Renata Farhat, editora e, mais que editora, uma amiga, pelo imediato acolhimento da ideia e sua organização juntamente com Ana Carolina Carvalho, a quem agradeço pelas leituras, sugestões e melhoramento do corpo de textos.

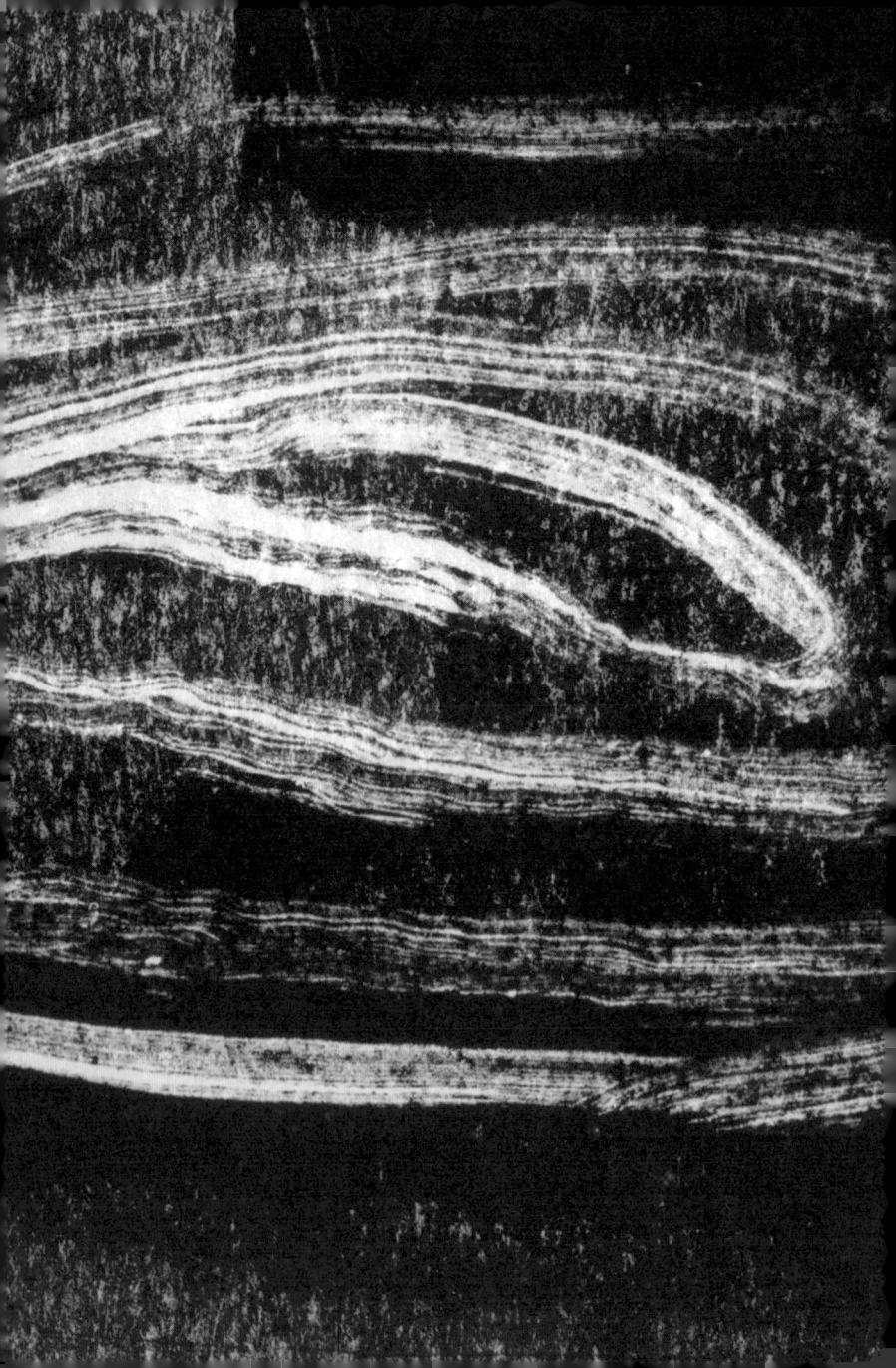

a criança e seus gestos

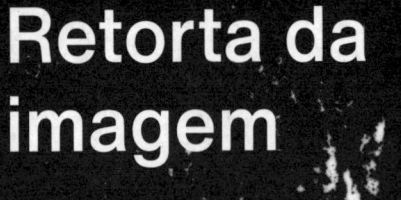

Retorta da imagem

Vejamos alguns aforismos perguntados. Aforismos são modos concisos de manter uma quantidade significativa de densidade em estado compactado de ebulição. Guardam enorme energia. Pressionam de forma centrípeta e também centrífuga. Tendem a implodir ou a eructar fogo. Não se pretendem afracar. Vivem da coesão.

Perguntas não são causas ansiosas por efeitos. Não se profere uma pergunta almejando respostas. Só nas mais tenras iniciações, nas mais imaturas pesquisas, a pergunta tem sua vida autenticada numa resposta. Perguntas são, antes de tudo, a colocação da consciência em determinado lugar. São a procura da consciência por uma mirada estratégica. Pergunta pode ser a descida a uma trincheira ou a subida a um pico. Pode ser a entrada numa escuridão ou a instalação na luz de um meio dia. Perguntar é espera ativa, é quando se lança uma ressonância no vasto. Não se tem esperança de resposta, apenas se aguardam as torças e retortas do eco.

Aforismos perguntados são sementes, as mais concisas, lançadas, em módulos sonoros, percutindo no infinito. Talvez nunca mais voltem. Vagam pulsativas na íntima imensidão. Entretanto, não deixarão de enviar *inputs*, *hertz*, aura musical à extensão do ser. Durarão eternas para alguns canoeiros, os mais convictos de que conhecer é sonhar.

Portanto, à medida que o som aforístico ecoa na vastidão, ele avessa, torce, reendireita retorta, alarga, transparencia, translucida e devolve, coercitivo, um centro, talvez novo, à imagem. Prepara transfusão de novos símbolos à corrente sanguínea do imaginário. Opera uma episteme plástica.

Para tanto, na bigorna quente, quando o ferreiro dosa sua força para preparar lâminas, podemos almejar novas modelagens de nos perguntar sobre a criança, sobre esse lugar de originação, sobre o começo das coisas humanas.

Quem gesta? A mãe gera uma criança ou a criança procria uma mãe?

Gestar é um gesto intencional, ativo, gerador, ou resultante de um outrem, uma intenção além da mãe, um grau cônscio fiador do gerar?

***

Saberemos deixar, nas crianças, o outono chegar?

Quando é hora de desfolhar?

(De)compor-se não será o mesmo que somar-se de vazios? De quais partes da criança a vida nela se fará?

***

A criança empina a pipa ou a pipa alça a criança?

Quem sonha: a criança que deseja as asas e o voar ou o ar que a vem empinar?

O ar habita a pipa ou o inspirar, o almejar, o sublimar da criança alteadora?

***

O grito é quem grita no grito da criança (diria Fernando Pessoa)?

A criança faz do grito sua vertente para mais alto (ar) vorar?

O grito culmina em direção à criança ou a criança brusca-se em agudo no cume do grito?

Grito é cume ou o cume é o corpo de uma espécie de grito?

O bebê, diante da lua, solta alguns /us/ guturais. Ele intenta na direção da lua ou é a lua quem lhe gutura o som interior da noite?

***

A paisagem é quem se impõe e conduz o brincar ou o brincar arquiteta paisagens?

A natureza é um brinquedo, um lugar de brincar, ou o brincar é um estado de abrir a natureza?

***

A criança, diante do fogo, é quem o vê, ou o fogo já estava se vendo na criança?

A fogueira é uma pira de queimar olhares? Olhar demoradamente o fogo não é a hora do sacrifício no brincar?

O fogo crema (transforma) a criança pelo olhar?

Fogo é coisa para ser vigiada, medo de se queimar, ou ele é a vigília de cada olho?

***

Quem desejamos durar: o corpo da criança ou a criança do corpo?

A quem logramos matar: a criança no humano ou a humanidade na criança?

***

A morte, para a criança, é um sonho que mata ou é um outono que prepara a invernia, a primavera e o grande calor de sua alma?

Tudo que morre tem a perigosa chance de reviver e se intensificar no sonho da criança. O reviver onírico é mera ressurreição de fantasmas? Fantasma é coisa ressurrecta ou aquilo que não encontrou toda a eficácia da morte?

Estaleiros de brincar

Aos meninos das comunidades de Guagiru, Peroba, Redonda, Preá, Flexeiras, Mundaú, Ilha dos Lençóis, Lençóis Maranhenses, Oiteiros.

Inúmeros são os relatos de carpinteiros navais que, desde meninos, construíam seus barquinhos para brincar. Assim também muitos, ainda hoje, são os meninos que trafegam nessa memória da artesania de navegação. Construir paquetes, botes e jangadas para brincar requer lições de vento, de água e de texturas próprias adequadas ao mar.

Há um trânsito de informações entre tios e sobrinhos, avós pescadores e seus netos, pais carpinteiros de paquetes e catamarãs e seus filhos. Isso se comprova no modo como meninos de doze, treze e catorze anos dominam suas faquinhas de construção. Ou como um jovem de quinze anos tem tanta familiaridade com nós e trançados e seus brinquedos de navegar são naturalmente elegantes, esguios e intimados com a força dos ventos.

Em muitos antigos e atuais pescadores vimos prazer ao lembrar de suas aventuras de meninos construtores de barquinhos – construídos por eles mesmos – velozes, deslizando em águas rasas e, por vezes, escapando de suas mãos, para nunca mais voltar. Encantador é assistir ao respeito que os meninos têm com carpinteiros exímios, alguns já mortos, ou que há mais de vinte anos construíram uma jangada até hoje usada nas pescas por seus familiares.

Esse elo com seus antepassados artesãos e pescadores, que mapeavam estrelas e ouviam da lua a hora de pescar, perdura com nitidez na habilidade manual e na estética de nós, ligamentos, encaixes e afilamentos do brincar.

A carpintaria naval, por gerações, é a latência de boa parte do universo lúdico das crianças de pequenas comunidades do litoral do Nordeste onde ainda subsiste a pesca artesanal. Os meninos crescem com os olhos no talho da enxó, assistindo ao trabalho dos carpinteiros. Apreendem o manuseio e a utilidade de boa parte do acervo de ferramentas, peças de pesca e de navegação que compõem as embarcações do lugar.

Mesmo não tendo oportunidade de usá-las, reconhecem seu manuseio e até – num ímpeto e audácia de menino – ensinam e repreendem o mau entalhador, pois os olhos das mãos, do corpo, da pele estão fisgados pelo interesse contínuo de admirar o carpinteiro preciso e meticuloso a trabalhar.

As inundações de tal saber desembocam no brincar. Muitos até "roubam" os "ferros" (ferramentas) dos pais para, num dia de glória, brincar construindo e realizando todo aquele sonho de artífice instigado pela mestria do carpinteiro naval.

É comum e corriqueiro, quando surge a oportunidade de acessar matéria-prima e ferramentas, os meninos acenderem, como rastilho de pólvora, um interesse vigoroso na construção de barquinhos para brincar de navegar. Cuidam, com detalhes e delicadeza, de cada peça de seus paquetes, de cada remo, mastro, vela, tranca, banco de mastro e tantos outros instrumentos que compõem uma embarcação.

Ao mesmo tempo se fazem enxutos, pois os barcos precisam navegar com desenvoltura. Assim, muitos outros instrumentos existentes na composição de uma jangada caem no esquecimento dos meninos, pois estes se fixam no essencial que propicie a melhor agilidade do barquinho. Entretanto, mesmo nessa síntese, conhecem uma gama significativa dos detalhes da construção e da navegação.

Uma arqueologia da brincadeira de barquinhos atravessa demoradamente a memória aquosa, vigiada por muitas estrelas, dos velhos pescadores e carpinteiros navais das comunidades.

As obras da criança I: seres do paraíso

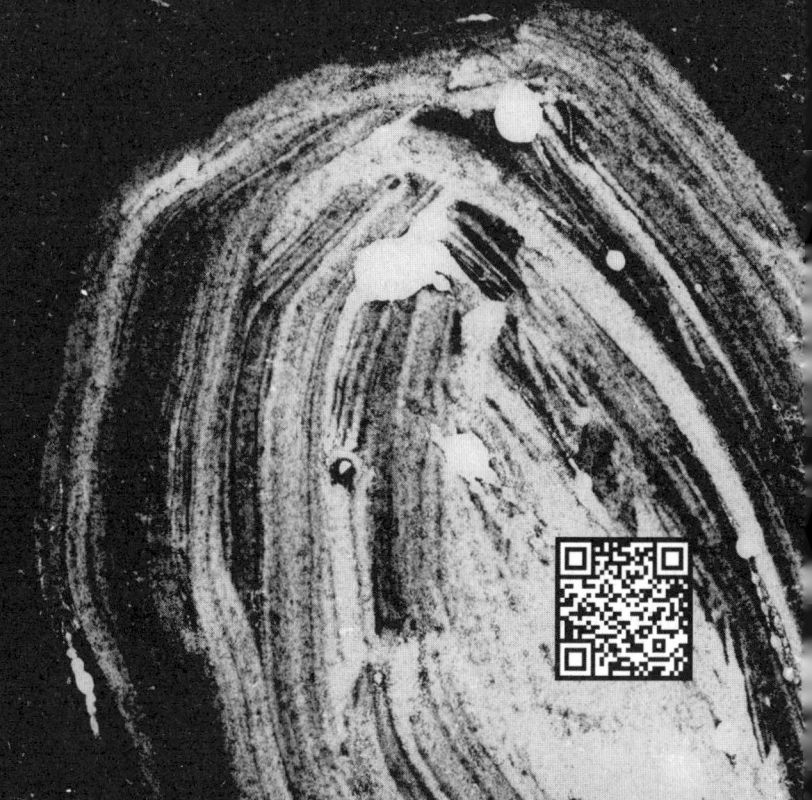

Desde o início, nossas pesquisas etnográficas não são realmente etnografia, não têm caráter cultural. São, na realidade, *etnopoiesis*, caminham em imagens, por entre as culturas perenes da vida imaginária nas crianças. O livro *Brinquedos do chão* é isso, assim como tantos outros trabalhos.

O que estão dizendo as crianças? De qual lugar de si mesmas elas falam? Por quais linguagens dizem?

Talvez, a *etnopoiesis* se disponha, um tanto mais, a honrar uma construção de conhecimento oriunda do estado criança. Não estamos aqui nos referindo a uma tal escuta de crianças. O ouvido de quem ouve pode ser só uma confirmação bem metodologizada daquilo que se deseja ouvir. Estamos buscando uma investigação da floração virgem de imagens que não cessam de se abrir, novíssimas, nas coisas ditas e feitas e gesticuladas e bradadas, nas coisas mortas e silenciadas pela criança. A prática da *poiesis*, essa linguagem da alma, é uma possibilidade, um anteparo diante de nossa avidez, para deixar ser a cultura anímica, selvagem, de cada gesto, o *ethos* intuitivo de cada impressão, o vetor invisível de cada intenção.

Tais investigações têm apreço pela materialidade do que a criança produz – mas não só. Têm apreço pela borracha que apaga os rastros, pelo não dito (não audível), pelo não linear, pelo não imagético e, especialmente, por fases do corpo que abrigam o suprassensível, o supracorpóreo.

Para tanto, faremos aqui breves e livres cruzamentos daquilo que as crianças constroem com iconografias antigas, imagens de poetas e filósofos (preferencialmente os da Antiguidade). Usaremos tais recursos para demonstrar a imensidão e as possibilidades de abertura do fazer e do dizer das crianças.

Aqui, como primeira imagem, vejamos os *Seres do paraíso*. São iconografias medievais representando seres que viviam além do horizonte, numa espécie de paraíso primitivo, com criaturas fantásticas, paraísos edênicos, regiões que testemunharam os primeiros atos dos deuses na Terra. São duas gravuras que podem ser vistas intercaladas a dois objetos feitos pelas crianças.

O primeiro objeto tem um título dado pela menina de sete anos que o construiu: *Mulher de perna azul e seu colar*. O segundo objeto é sem título e foi produzido por um menino de nove anos.

Um terceiro elemento que denota a potência das criações das crianças é o cruzamento dessas imagens com a concepção filosófica de uma incrível personalidade pré-socrática da cidade de Agrigento, região da Sicília, chamada Empédocles, que viveu em cerca de 500 a.C. Empédocles concebeu sua cosmogonia numa atualíssima noção de democracia.

Vejamos, portanto, tangenciais estéticas daquilo que narra o pensador com as composições das crianças e as gravuras medievais.

Ler os fragmentos de Empédocles, diz o saudoso professor José Américo Peçanha, nos remete a imaginar ter visto André Breton escrever seu *Manifesto surrealista* ou presenciar Jerónimos Bosch a pintar.

Em um de seus dois únicos poemas que chegaram até nós, "Sobre a natureza das coisas", ele diz, no fragmento 57:

> Sobre a terra nasceram muitas cabeças sem pescoço,

braços erravam nus e privados de ombros, olhos vagavam desprovidos de frontes.

Diz ainda, no fragmento 58:

Membros solitários vagavam procurando se unir.

E no fragmento 61:

Muitas criaturas nasceram com rostos e peitos olhando para diferentes direções. Algumas progenituras de bois com rostos de homens. Enquanto que outros, ao contrário, vinham ao mundo com progenituras de homens e cabeças de bois.

Entendemos melhor essas imagens criadas por Empédocles quando encontramos sua ideia de *physis*, ou fundamento da vida.

Ele dizia que existem quatro raízes originais: água, terra, fogo e ar. Junto a esses princípios, que são únicos em si mesmos e iguais perante os outros, existia ainda outro par, *philia* e *neikós*, que podemos, entre outras possibilidades, traduzir, a partir do contexto de Empédocles, como amizade e discórdia.

Amizade une os iguais, discórdia separa os iguais. O cosmos vive de ciclos. Por períodos, quem predomina é *philia*, influindo sobre água, terra, fogo e ar. Em outros tempos, é *neikós* quem promove o movimento. Eles trabalham unindo ou separando, em graus diferentes, os quatro elementos contidos em todas as formas de vida. Nunca conseguem separar totalmente; nunca alcançam a unidade completa.

Daí, portanto, a ideia de porções separadas de corpos. No dinamismo do cosmos essas partes vão se unindo a outras, ou mesmo se separando. Todas as partes de outros seres com todas as outras partes de outros distintos seres. Vamos (nós, as criaturas) experimentando ao longo do tempo inúmeras formas e existências. Seguimos assim maturando a vida. Uma harmonia permanente em permanente mutabilidade, equânime em seus direitos. Não há quem seja maior ou melhor que outrem.

Assim, vale refletir sempre: o que as crianças criam é pura gratuidade? Ou há congruência dessas imagens imaginadas com concepções de identidade em permanente construção? Há no gérmen imaginador da criança um senso sincrético? Habita aí um desejo de manter as coisas inacabadas e em constante transformação e aprimoramento? Há devir permanente nas obras da criança?

Esses seres imaginados pela menina e pelo menino, pelos contemporâneos de Marco Polo e por Empédocles, criaturas de um paraíso para além desse real medíocre criado por um positivismo já nascido esquálido, esses seres, de um surreal, não têm uma função de alma? Alma subversiva fascinada com o mundo inacabado. Não são eles a própria alma?

Uma fenomenologia das obras da criança requer de nós desabrocho diante da florescência da imagem imaginada.

As obras da criança II: domínio

Vejamos duas imagens: um objeto construído por uma criança de nove anos, com o título *Robô: cabeça que atira plasma*; a segunda, uma peça de uma menina de nove anos, intitulada *Casa do rei*.

Ideários surgem quando observamos cabeças de poder, cetros, tronos, evocação à realeza, à altivez, ao controle, ao domínio. Domínio pode ser uma insígnia, um desejo ou, como queria Schopenhauer, uma consequência sub-reptícia da vontade. Uma ferida na carne. Um fardo humano. Nas gradações das ideias sobre domínio podemos também apurar delicadezas.

Patriarcado, doutrinação religiosa, homogeneização da linguagem, tirania, institucionalização das afeições e dos saberes, medicalização dos corpos e das idades, informação, publicidade, xenofobia, misoginia, hipertrofia da razão, conceituação de quase tudo e tantos outros conceitos delatores do cárcere são as pedras mais brutas, apressadas, logo surgentes no terreno das associações ao controle, ao domínio.

Contudo, na vastidão anímica de cada palavra, o dito torto – nele próprio – sempre contém um gérmen de liberdade. Domínio também é poder de si para consigo. Escrevemos aqui, hoje, num domingo. *Dominus*. Dia do Senhor, para os cristãos. Senhor que, para ser assim reconhecido, antes, dominou a Si. Fato raro e duvidoso para nossas mentalidades colonizadas pela frouxa vida moderna, pelo ininterrupto fluxo do mundo conectivo, por moitas conceituais, doutrinárias e cibernéticas que servem para nos escondermos de nós.

Há uma obra (escultura) – vale conhecê-la – do artista Raoul Hausmann, intitulada *A cabeça mecânica,* que denunciou, lá no começo do século XX, o espírito de nossos dias. Essa obra, por exemplo, faz um vivo paralelo com a peça construída pelo menino de nove anos, com seu "robô cabeça de plasma", que aqui apresentamos.

A criança, após compor livremente seu objeto, sem nenhum indicativo de tema ou coisa parecida, disse-nos: "O plasma sai da cabeça e controla e transforma tudo em qualquer coisa".

A força está na cabeça. Intelectualismo, cerebralização, inconsciência do corpo, excesso de informação.

A cabeça configura a força – especialmente se aliada à tecnologia de um robô mágico, transformador de tudo.

A *Casa do rei,* da menina de nove anos, encontra paralelo numa obra (e aqui recomendamos ao leitor que faça uma pesquisa sobre ela): a escultura *Capricórnio*, do mestre surrealista Max Ernst, que nos sugere (entre tantas possíveis leituras) o domínio cristalizado do pai se deslocando (como mudança dos tempos) para outros campos de atuação.

O pai, o rei, em processo de transformação. Gradativamente, o feminino busca seu lugar na vida coletiva, na governança de terrenos outrora usurpados. Portanto, o rei da menina é mulher, "casa do rei", sua regência do coletivo, é mulher em governo, de cetro na mão. O cetro ganhando novas feições. E se atualizando para sentidos arcaicos de transformação, abertura de novos canais de consciência.

As crianças estão em sintonia com a transformação dos tempos. Não só por estarem no cotidiano e perceberem o que o mundo diz, mas por sentirem de suas entranhas, de seus corpos, das forças vitais que atuam nelas. Isso lhes garante sustentação nessa época de descolamentos geológicos.

As obras da criança III: a perda da alma

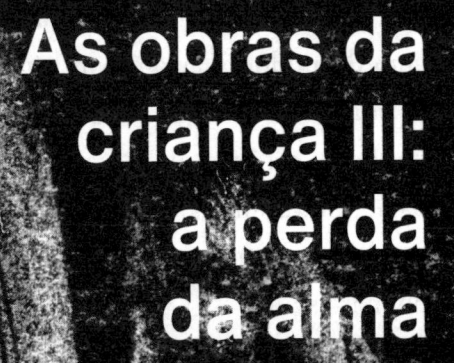

As crianças fazem e também falam de suas fabulações com despudor. Narram com simplicidade o nascido de suas mãos. No que constroem, vê-se a inscrição de um facho estético, uma luz vital que se descola, qual balão, de funduras oceânicas, e flutua em direção à superfície, como anêmonas que ascendem luzentes no mar escuro.

É, portanto, acometimento da alma. Alma em incursão no mundo. Substrato dramático que se incrusta no adjetivo, no verbo, nos adjetivos. Tais incursões, muitas vezes, são insurretas. Não aceitam o estatuto do tempo cultural. Principalmente quando este se faz dique à alma.

Criaturas robotizadas, corpos controlados, pensamentos mecânicos, mulher-robô em dupla jornada de trabalho. Surgem assim símbolos denunciando a perda da alma. Vejamos.

Trabalhamos aqui apenas com uma imagem, um objeto construído por um menino de nove anos, chamado *Mulher elétrica*, de 2012.

Recomendamos, como paralelo para nossa análise, observar a obra da escultora polonesa Magdalena

Abakanowicz intitulada *Multidão*; é de 1986/1987 e retrata corpos massificados, controlados, industrializados pelo trabalho coletivo e repetitivo. O menino de nove anos fez sua mulher elétrica e disse: "Ela é elétrica, pois minha mãe, quando chega à noite do trabalho, está cansada, eu ligo ela na tomada, recarrega a bateria, aí ela pode brincar bastante comigo".

No objeto do menino, os braços e as mãos, esses órgãos de contenção, cuidado, contato, continente, não existem. A mulher elétrica, uma mãe sem tato. Rarefeita de intimidade. Faltante. Essa mãe que, robotizada, pode suster sua dupla jornada pela dádiva de um acumulador de energia, uma bateria.

Assim as crianças seguem cumprindo a intuição de Plotino:

> Eu penso, portanto, que aqueles antigos sábios que procuraram assegurar a presença de seres divinos ao erguerem santuários e estátuas mostraram discernimento da natureza do Todo; eles perceberam que, apesar de essa alma ser sempre sentida, sua presença deverá ser totalmente assegurada, mais

prontamente quando um receptáculo apropriado é elaborado, um lugar especialmente capaz de receber alguma porção ou fase dela, alguma reprodução ou representação sua que sirva como um espelho para capturar uma sua imagem.

Criar coisas no tempo de criança é modelar a alma no mundo.

A criança e o fulgor da visão

O fotógrafo Lori Figueiró permitiu gentilmente que usássemos algumas de suas imagens. Imagens de uma humanidade telúrica do vale do Jequitinhonha. Um fotógrafo da matéria elementar, de fogo, fumo, reza, algodão, barros, couro, criança, cana, boi, dança, música, quitandas e tamborete. Coisas fundidas aos seres. Um fotógrafo ferreiro, desses que veem nas coisas alma e, nas almas, cousa.

Vejamos essas fotografias caboclas de Lori, de dois de seus livros (*Cotidianos no sagrado do vale* e *Reflexos ao calor do vale*), me aventurando a colher delas traços de uma pedagogia do fulgor.

O trabalho das matérias elementares é um fervor para o olhar da criança.

O duelo das mãos (convictas) com as matérias (decididas em sua radicalidade) é um espetáculo para o olho descobridor. Um campo de batalha. Uma capoeira d'Angola. Lenta e quase luxuriante.

O olho da criança, chispado de deleite, se põe a acompanhar o traquejo prolixo no território de embate. Uma luta rente, corpo a corpo, das mãos com a matéria.

Nesse manejamento, as mãos só vencem se revelarem uma matéria dominada, acomodada, adestrada, forjada, apartada, amaciada, cedida, desfiada, tecida e deslembrada de seu tônus. Apertada. Uma matéria feito forma. (Com)formada.

Essa tal filosofia da dominação sensual, da colonização sedutora, da imposição elegante, da afirmação lenta, só quem faz é o artífice.

A criança nunca dominará o algodão, o barro, o sisal, o couro, a cera de abelha e o breu. Seus primeiros ensaios com a matéria têm um campo vasto dos primeiros ensinamentos, mas nunca o estudo consciente do domínio (ou da busca dele) sobre o outro, sobre a vida, sobre a natureza.

A criança ainda não se inaugurou na vida do controle e da dominação. Ela ensaia. Vai fundo em seus ensaios. Inaugura as premissas, provoca dialéticas, assalta com enlevo os materiais, desfigura seus movimentos, afronta com incandescência a causa das coisas, deforma a forma, arrebata o pesado, densifica a pluma, arreganha o mole e trucida o duro.

Todos esses gestos são de interesse na plasticidade e menos na forma. São os primeiros sopros filosóficos do mago juvenil e forasteiro. Aquele que testa o mundo sem comprometimento, porém com arrojo e ousadia.

Devemos manter o labor, o fazer da criança da primeira infância, o mais possível na plástica e muito menos na forma. A plástica, a profundidade material, contém infinitamente mais vigor estético, aura poiética (semântica inconsciente), do que sua configuração final, a obra em si, o resultado formal.

Entretanto, observemos, há um estado natural à criança que estranhamente não encontramos nas discussões pedagógicas, ativo, arguto e absorvente: chama-se contemplação. Esse, sim, é capaz de ir além da plástica e tirar as lições estruturantes da forma. A contemplação convida as habilidades que ainda não se desenvolveram na criança a acompanhar o percurso artesanal e se ver criando, só de ver. Vendo, a criança já aprende, a observação já desperta sua vontade hábil. A motricidade fina já pulula e se tonaliza pelo olho ativo (com apenas dois anos de idade) que acompanha e se entrega às façanhas das mãos de um artesão, de um professor desenhista, de uma mãe musicista.

Contemplar as coisas sendo habilmente feitas, as formas em formação, cumpre a função de atiçar astúcia na criança. Para isso a natureza nos deu um corpo com magnetismo suficientemente capaz de captar a pedagogia contida no gesto das coisas. Vendo, apreendemos. Na contemplação há um aprendizado de incrustamentos.

Os artesãos sempre clarificaram sentidos, propósitos em suas comunidades, especialmente nas culturas orais. Até a palavra dita, a natureza de seu dizer, tem uma linhagem material, um clã de origem laboral. Quem tece tem primazia de algumas palavras, os ferreiros de outras, os oleiros as de sua origem, como nos ensina Amadou Hampâté Bâ.

A pedagogia do artesão, para a criança, é a das horas folgadas e da festividade. O trabalho do artesão aos olhos da criança é uma eterna festa, é um fervor, uma crença na vida, uma cura do mundo, um ordenamento que sempre inaugura o dia, o sustenta, o mantém pulsando.

Quantas vezes, quando menino, perambulando na vizinhança, me detive – no livre esquecimento – magnetizado pelo ofício do ferreiro! Como suas mãos eram íntimas do fogo, não temiam em nada o calor, faziam dele um amigo, um servo!

Os sapateiros, mais distantes de minha casa, via-os menos. Eram os senhores do golpe surdo absorvido pelas solas, porém preciso e discreto, sem a estridência do metal. Tinha um veludo nos sons da sapataria. Um veludo envolvente, acústico, que evolava a memória no cheiro de couro e cola. Despertava-me de compaixão pelos bichos só de ver suas peles empilhadas. Intrigava-me também, nessas oficinas dos pés, com os sensos do caminhar. Especialmente aqueles moldes de pés deformados, adaptados. Como se fazer caminhante sem poder caminhar? Imitava eu os mancos para testar o sentido das coisas sendo coxo. Cheguei até a desenvolver uma perna postiça.

As mãos dos sapateiros eram silenciosas e pacientes, sempre se desvencilhando com habilidade das insistentes colas. Colocavam a cola, domavam-na para seu devido lugar, criando palhetinhas de fórmica para espalhar aquela coisa teimosa e peganhenta no couro.

Admirava-me daquela precisão em se distinguir, ainda que íntimo ao material. Pois eu, nos meus inventos de quintal, todo me lambuzava com o fazer.

As quitandas e bodegas, essas frequentei quase que diariamente. Os sacos de grãos, o café moído, os fumos de rolo, as ervas de cheiro, as ervas de cura, as borrachas recortadas das câmaras de bicicletas para serventias de fixações sem fim, os cabos de enxadas, as panelas de ferro, os pilões.

Os fogões a lenha, eles próprios uma oficina à parte. Cortar a lenha, acender o fogo, limpar a tirna das panelas, deixar um foguinho sempre aceso, limpar as cinzas. Todos filosofemas da transformação. Laboratórios do sabor. A criança melhor caminha no seu mundo interior pelo trabalho manual, corporal, do mundo exterior, adulto.

Há fogo no ver, fulgor em contemplar. Quando apreendido da ociosidade, o contemplar é uma das mais incandescentes pedagogias na primeira infância. Devemos trazer o trabalho artesanal adulto para perto das crianças. Trabalho feito pelo adulto habilidoso. Para que o repertório de gestos, sons, cheiros e texturas seja exuberante e generoso para visão de quem o vê. Para que a habilidade seja conhecida em seu grau maior. Para que as matérias sejam desnudadas para o maravilhamento dos olhos novos, recém-chegados, ávidos de imanência.

Uma comunidade que se pretende educadora deve trazer a vida artesanal para seu cotidiano. Assim, no ócio, na liberdade, a criança vai encontrando com esses mestres de fiar, de forjar, de modelar, de construir o mundo. E cada encontro acende uma chama, enlaça o ver profundo, vincula a memória, adere o corpo à crença na luta vitoriosa.

As crianças devem crescer ao pé do sabedor de matérias, do contrário o inteligir criador estará cada vez mais distante. O sabedor de matérias deve repovoar as infâncias, do contrário crianças não constelarão seus sonhos de arreigar até o chão, às grotas da criação.

Os gestos da criança I

Para caso de olhar mais para dentro, podemos buscar os recursos dos gestos. Gestos são recursos que adornam, aprofundam ou acompanham o traçado nerval da fala, o nascimento da palavra. Mas gestos também são recursos expressivos, muito pragmáticos, que independem da palavra e da fala. E, ainda, gestos são comunicações da alma que, muitas vezes, nada têm a ver com os códigos de comunicação cultural.

Por exemplo, não é raro só a mãe conhecer os gestos de seu filho com autismo. A mãe é capaz de ir ainda mais adentro em sua ligação com o filho, vinculando-se a ele para além de suas caóticas articulações "nervosas". Sabe seu filho pelo saber visceral do amor. Penetrante é essa sabedoria, em qualquer gruta interior humana. Com a luz do coração, a mãe vai desembaraçando os gestos e alçando a expressão essencial. Lê ali, surpresa, atônita muitas vezes, uma nítida fala da criança, uma proto e irrequieta linguagem. Há mesmo uma presença imperiosa e comunicativa, desde o balbucio emaranhado de crianças que talvez tenham dons de fender percepções. Será mesmo o autismo um isolamento, um monólogo ecoante? Essas crianças denotam, obstinadas, no testemunho de muitas famílias e terapeutas, outros modos de perceber. E muito se contentam, se distendem e se apaziguam, quando compreendidas.

Há mais nos gestos. Há mais na linguagem do olhar. Há mais na irradiação dos braços fortemente cruzados do que nossos conceitos já alcançaram. Há no gesto algo que se descola de seus sentidos universais ou culturais e se cola ao inaudito. O gesto também vem dos ventos, também vem do sol, também vem da membrana astral de outras galáxias. Vem do mundo animal, mineral, vem das lesmas, vem do asco profundo, do nojo que algumas crianças sentem de um aglomerado de organismos.

Os gestos também vêm da ecolalia, dessa repetição geradora de polifonia, ecoada, compulsiva, da fala. Alguns abstrativos em máximo grau, como Einstein, tinham traços de ecolalia. Repetiam, para si mesmos, as frases que acabavam de dizer. Esse eco da palavra repetida, vibrado, em si mesmo, é só traço autístico ou psicótico, ou também pode ser investigado como traço escafândrico? Ecoando para dentro, reverberando, como uma espécie de chamado atordoante para esferas ainda mais audíveis.

O gesto colado ao nascimento da fala é uma das coisas mais graciosas na criança. Principalmente quando ela introduz uma demarcação territorial, na luta por afirmar sua identidade, com gestos de reivindicação e limites. Talvez essa seja a primeira espada da criança. Um desses característicos é quando ela, muito pequenina, explica algo importante que não está sendo ouvido pelos adultos, com as palminhas das mãos diante de si e abertas para o alto e os cotovelos bem colados à cintura. Ela explica franzindo a testa – seriamente – seu ponto de vista. Põe-se em um ponto focal, posta-se diante de. Aposta em sua investida. Pede seu espaço. Ouviríamos suas palavras de um modo completamente diferente se ela, ali, diante de nós, não estivesse doando intensidade às suas mãos. Por que o corpo não se contém só com a palavra? Por que o corpo aprende desde muito cedo a ressonar, a vibrar, a repercutir a palavra?

Talvez as perguntas aqui devam ser invertidas, para o bem de um compromisso fenomenológico. É o corpo, esse arranjo da memória (com um coração que o pulsa), quem faz a palavra ritmar na criança ou a palavra é quem faz o corpo vibrar lírica? De onde nasce a palavra? Nasce ela do corpo, ou o corpo já traz um protorregistro da linguagem desde a gestação, desde seu primeiro filamento neural? Registro esse que, inclusive, corrobora diretamente com a formação desse corpo. O corpo se forma no ventre sob a influência de uma metalinguagem? Registro esse que faz do corpo pessoa, *logos*, tom vital. Haverá um *logos* matriz, uma matriz neural do verbo, que assina neurologicamente o tom de nossa voz, o tom de nosso ser?

Não acharemos tão facilmente a fonte desses problemas de tal maneira recuados. Mas as perguntas já cumprem algum expandimento nesse esboço sobre o gesto. Vivemos uma alienação do corpo mesmo imersos numa poderosa indústria que hipnotiza milhões de pessoas para o uso (ou talvez venda) de seus corpos. Vejo pessoas e mais pessoas praticando esportes como quem não teve infância. Paramentam-se inteiros, fantasiados de artrópodes das mais variadas modalidades de besouros, moscas, louva-a-deus, bichos-pau, e saem, no final de semana, para pedalar, ou caminhar, ou remar, ou surfar. Os paramentos são como alas de escolas de samba e suas fantasias. Estampam a cara de uma civilização massificada, consumidora automática de todas as marcas, roupas, capacetes, tênis, sustentando uma indústria tóxica e de *design* duvidoso.

Uma paisagem social plastificada, artificial, asfixiante, corpos lacrados de protetores solares e aparatos (fantasias de super-heróis) esportivos. Adultos que mendigam suas infâncias perdidas, fantasiados de superpoderes, em seus motores e superpedais (e o que mais for), empoeirando o sossego dos campesinos.

O corpo civilizado, autocentrado, é quase só um suporte para o ridículo. Claro, ele, sim, fica suado durante esses tais desfiles de finais de semana, ele fortalece os músculos, ele se maromba. Mas ele realmente se imanta de consciência? Ele realmente se extasia interiorizado no ar, na paisagem, na água? Ou apenas se alegra vitorioso cumprindo as metas de egos adrenalizados?

Caminhar, por exemplo, sempre foi ato filosófico para os que realmente querem conexão com o corpo, muito antes das decadentes – no que diz respeito ao gosto e ao ato político – megalojas de esportistas. Para Nietzsche, por exemplo, boa parte de sua filosofia nasceu de longas caminhadas, quando suas fragilidades físicas, dores atrozes, permitiam. Suas ideias mais originais nasceram com o corpo em movimento. Disse ele no trovejar de seus quarenta anos de idade, no arrepiante livro *Ecce homo*: "Ficar sentado o menos possível: não por fé em pensamento algum que não tenha sido concebido ao ar livre, no livre movimento do corpo – em ideia alguma em que os músculos não tenham também participado. Ficar 'chumbado na cadeira', repito-o, é o verdadeiro pecado contra o espírito".

Caminhar é um dos mais contundentes gestos, por isso ele ficará para outra oportunidade em nossa reflexão. Vejamos, por agora, mais algumas outras delicadezas linguísticas no corpo da criança.

O ânimo incansável de abaixar-se no mundo, para ver o mundo de baixo, talvez seja o que de melhor os músculos da criança descobrem sobre a humildade e a tirania. Um bichinho que pede alimento, as formigas se cumprimentando, a lagarta na folha, uma flor, um caco de vidro, as conchas, um inseto nocivo. Ir até o menor.

Que grandeza! Não só a grandeza virtuosa, mas também a grandeza de ser maior, mais forte e, portanto, senhor daquele mundo inferior.

Existem também os gestos de descobertas de seus próprios talentos, ou modos de expressão dos gestos para liderar, conduzir, levar conhecimento, se empoderar e, também, apoderar-se de sabido. Os desejos em esboços autoritários! A irresistível vontade de vir ao centro, pois algo a mais a criança tem a dizer, algo a mais aprendeu. A deliciosa vontade de mandar mais um pouquinho nos outros mais passivos. Tais crianças gostam de imitar suas professoras, na postura, na entonação, na imposição, na impostação. A alegria de se sentir instrutora, de participar do aprendizado de um mais novo, ou até (que vitória!) de um mais velho.

Dos gestos tranquilos podemos perceber deleites de confiança. Soltar, pelas mãos e pelo sentimento, um barco na água, por mais tranquilas que sejam as águas, é sempre exercitar a façanha de dar-se ao movimento instável, sem controle, sem previsibilidade. Entregar um precioso barquinho, principalmente se foi construído pela criança, às águas é um ato ético de se liberar. Nas corredeiras de calçadas, quando as chuvas desabam, veem-se ainda crianças se liberando, de si despregando, doando-se em seus barquinhos de papel, corredeira abaixo, ladeira abaixo.

Existem sempre, e em sua maioria, os gestos que sustentam muitas significâncias. Um exemplo desobediente é tapar os ouvidos, mas também investigativo. Dizer não aos sons de fora ou às broncas, ou uma recusa em ouvir o outro, ou uma proteção contra agressões verbais e sonoras. Mas, também, esse mesmo gesto é modo de sondar. Ouvir os sons do corpo. Aqueles que se ouvem de ouvidos bem tapados. Uma atmosfera sonora pulsativa se abre nesse gesto. Algumas crianças demoram-se aí para, logo depois, ver explodir na audição o barulho de fora, quando destapam os ouvidos. Outras se delongam buscando o poderoso bumbo do coração. Quem lembra? Quem já fez? Quem nunca brincou e brincou e brincou com seu próprio corpo?

Os gestos
da criança II

A graça de se ater à coisa mesma, ao ato em si, ao gesto próprio, é que ele não é passível a nada. Ao contrário, ele é um lugar, um ponto, um cosmos ativo em si próprio. Ele é uma inteligência. Não é redutível. Não pode ser apreendido em sua totalidade. O que capturamos da totalidade do fenômeno são apenas fragmentos, instâncias de seu halo que nos alcançam pelo sentimento, ou pela inspiração, ou pela intuição, ou até mesmo (de forma menos provável) pela análise racional.

Quando estabelecemos diálogo com o fenômeno, com o gesto da criança, é que inicia a redução. Capturamos desse diálogo apenas uma fração. O que já é uma grandeza, um presente, uma rara "intuição do instante" permitir que o fenômeno seja. Mas, se vamos muito ávidos, nada capturamos e, na maioria das vezes, apenas emprestamos um halo àquele fenômeno, sem nos darmos conta de que ele mesmo já não se mostra.

Assim, gesto também pode ser algo mais: um antes ou um depois da linguagem. Uma translinguagem. Pode não ser algo a dizer no terreno das relações comunicantes. Pelo menos aquelas conhecidas pelas pesquisas filológicas, linguísticas, aquelas que são levadas em conta pelas análises do discurso. A antropologia, a etnobotânica e a neurobiologia já se abrem, aos poucos, para uma transcendência comunicante – por exemplo, nos estudos sobre as plantas mestras (Jeremy Narby).

Existem os gestos que se encontram mais no campo da pajelança, da mística, das rachaduras psíquicas mais graves, e, como não poderia deixar de ser, na topofilia imaginária das crianças. Nesses campos mórficos há, sim, um comunicante, mas de natureza anímica espiritual. Trabalham aí gestos que capturam, reagem ou dialogam com inteligências mais ao fundo, no interior da paisagem, no sustento frequencial das formas, nas canículas mais primitivas da vida.

Por exemplo, uma mãe contava-me o caso de seu filho com autismo que, agora, com cinco anos de idade, está iniciando deixar as fraldas. Ela, preocupada, conversava com outra mãe, também com um filho da mesma idade e com autismo. As duas mães eram recém-conhecidas e dialogavam por telefone pela primeira vez. Um diálogo terapêutico. No dia seguinte, o filho da segunda mãe, que nunca havia dirigido uma pergunta a seus pais, num repente, perguntou: quem é o menino de que você está falando sobre as fraldas?

Duas mães, mergulhadas na busca por seus filhos, acionaram um dínamo. Abriram conjuntamente, sem se darem conta, espaços de expressão para eles, que, imediatamente, responderam gestualizando. A resposta das duas crianças que não se conhecem foi acionada de uma camada mais recuada. Uma das crianças fez a sua primeira pergunta na vida, a outra entrou em nova fase de maturação, de consciência corporal, acordando sua região pélvica, brincando com um vaso sanitário posto na varanda, perdendo o medo e atirando suas fraldas no lixo. Tanto a primeira pergunta da vida quanto a busca pelos esfíncteres não são propriamente gestos, mas poderosas virtualidades gestuais, núcleos de vida gestual.

Existem, também, aqueles gestos ainda mais diáfanos, que são emprestados do imaginário religioso para as crianças. São gestos representados nas iconografias em que crianças são vistas como criaturas mais próximas do divino. Algumas esculturas, comumente encontradas em cemitérios, representam a passagem de uma criança para outra vida. Uma entrada na morada oculta.

A recepção e o acolhimento do mundo divino àquele anjo, àquela criança que morreu ainda na "pureza", num estado de consciência sem mácula. As mãos postas no coração, o olhar diante do *tremendum*, a feição lívida e renovada após a grave travessia, a tranquilidade de estar sendo amparada por mãos celestiais, a garantia de que nada morre e a consciência é um contínuo. Talvez esse seja o gesto arquetípico da comoção, da pureza além-mundo. Mesmo os que não creem em vida após a morte podem ser abalados diante de tal gesto se pensarem em seus filhos.

Encontramos na criança também os gestos que esboçam o que passou, que recusam o presente e são obstinados em direção à manutenção do tempo mágico. Gestos que são pegadas, guardam o rastro do elo que têm as crianças com seus brinquedos, do vínculo que estabelecem com atmosferas imaginativas. Os pais normalmente não percebem os filhos mergulhados no mundo muito pequeno de um urso de pelúcia. Comumente, os tiram de seus idílios, carregando-os, levando-os pelas mãos, por alguma necessidade de força maior. Mas o corpo da criança logo se recusa e aponta, todo inteiro, para o sonho em que estava, volta-se, estica-se para capturar seu brinquedo, nega-se a ir sem seu amuleto mágico. Tensiona sua força com a força do adulto. Angula-se para o chão. Freia, por alguns segundos, a urgência das contingências e volta para apanhar seus pequenos tesouros.

Quantas crianças por segundo, em todo o mundo, gesticulam travando, suspendendo, num istmo imaginal, o tempo incessante dos adultos? Se flagrássemos em um único dia do mundo todos os gestos de crianças suspendendo o tempo de seus pais e mães, em ato de resistência, lutando por seus territórios oníricos, teríamos a mais farta documentação, o mais revolucionário manifesto, a imaculada insurreição, o mais puro argumento para uma poética espaço-temporal. Teríamos matéria suficiente para uma fantástica dos modos de pertencer.

Existem ainda muitos gestos de assentamento. Quando os músculos se recordam de quando vivíamos, lá pelos seis, sete, oito anos de idade, como um cavaleiro, um forasteiro com armas e montaria de pau. O resto era o mundo aberto onde deveríamos nós, todos os dias, testar nossa força invencível. Ah, que vasto era o mundo! O único inimigo invencível, com muros intransponíveis, era a escola. Essa foi (segue sendo), para muitas crianças, a kriptonita. Mas, quando as aulas acabavam, era a hora do almoço. A fome do almoço era um prenúncio de grande alegria. Alguns gravavam de tal modo na memória, desde meninos, que o almoço era a hora do dia em que a kriptonita deixava de drenar as forças, e a tarde inteira se abria como um imenso quintal. Quintais sempre vastos, por serem grandes e, principalmente, por darem para outros tantos quintais vizinhos. Um quintal pode ser um dos amigos mais admiráveis de uma criança.

As montarias imaginárias de quintais e becos, as montarias nos cavalos de pau e nos lombos de jegues, cavalos e até bodes eram mais verdadeiras e gloriosas quando abríamos os botões das camisas e deixávamos o vento no peito fazer a lição principal. A lição e a busca dos cavaleiros e bandoleiros: percorrer o mundo, ser senhores de si, ir sem volta. Só voltar quando os valores épicos que moram no verbo "ir" tivessem esgotado suas possibilidades para aquele dia de brincadeira.

Mesmo nos mais pequenos, o lombo dos pais é sempre agradável ensaio de domínio, gesto de partida, há sempre fórmula de conquista na imagem cavalo, um poder maior para se estender no território, uma graça e um divertimento em se assenhorear de uma força, de encilhar com as pernas, de encabrestar com as mãos. Cada comando imposto ao cavalo é sempre respondido por um cavalo de força. A criança sente essa resposta no centro de sua governança, no eixo de sua coluna. Gesto vem de muito longe e nunca se sabe bem para onde vai!

Os gestos
da criança III

Investiguemos alguns movimentos das crianças que naturalmente nos conduzem a ver, a imaginar gestos. Movimentos livres em busca de algo, sentindo algo, se deparando com algo, sempre flagram um conjunto gestual muito específico e cheio de significâncias.

Nas crianças, por detrás dos gestos, esconde-se rastilho mágico. Encontrar passarinhos, por exemplo, desperta sempre as intenções do airoso. A autoria dos começos insculpiu, atenciosamente, delicadezas como passarinhos. Que gestos da natureza foram necessários para burilar o passarinho? Talvez as crianças os espelhem e nos saibam mostrar. O corpo delas é dominado, domado, diante das miudezas desses bichinhos. Tudo se sustém, fica comedido, para o bem daquele encanto. Leva os dedos suspensos, se ajeitando, para tocar o bichinho. Chega-se nele devagar. Os olhos cintilam na cintilância das penas que guardam um brilho grisalho no fundo de seus tons. As mãos da criança aprendem a pousar no corpo desses mestres da arte de pousos. Seus corpinhos delicados, por si, ensinam finezas para as crianças. As mais abruptas são logo advertidas, pelas outras, de como devem tocar, como devem se aproximar. Passarinho nas mãos da criança ensina chegança.

Mas há ali, desde o primeiro encontro da criança com o pequeno voador, a mensagem implícita e declarada da partida. Já quando toca no magrelinho penado, que por algum motivo não consegue voar, ela antevê a hora de seu revoar. Pressente das asas: passarinho em recuperação logo voltará ao azul. Tanto é assim que logo conjectura junto aos pais se pode ficar com o pequenino dos ares. "Posso ficar com ele só um pouquinho? Depois eu solto!" Irresistível o sonhar das asas. A mais tentadora de todas as sonhanças.

Passarinho curado é hora do definitivo adeus. Tal despedida é mais radical que a entrega do barquinho às águas. Pois águas estão abaixo, pode-se talvez resgatar o barquinho. Mas passarinho é do céu. Nunca mais há de aqui haver. Abrir as mãos, deixar ir, são instantes de vazio. A impressão do afano veloz das asas deixa para a criança o rastro austero da liberdade. Quanta coragem requer o livre? Ninho – esse preparador de voos – sequer tem telhado. É custoso autorar voo. Ir é um verbo de rupturas.

Existem aqueles gestos tão belos, tão simples, que de tão singelos e essenciais não são observados pela educação e suas conjecturas assoreadas sobre o brincar. Por exemplo, refrescar-se com a boca no jato de água que sai de uma mangueira. Não seria isso irrigar-se ainda mais das tarefas felizes de um quintal? A água fria que desce garganta abaixo não seria a recompensa dignificante dos pequenos trabalhadores do tanto sonhar? O trabalho braçal das crianças são duradouras vitórias que se somam a seus ossos. São sábados inesquecíveis, são férias que nos autorizam, nos creditam um viver mais real que o tal real do mundo vivido.

A pausa, a sede, a água que se aproxima da boca e faz fresco o corpo de sol é um afago muito silencioso, quase imperceptível. Esse é um gesto mais próprio da criança já fortalecida em sua capacidade de constância nas tarefas. Já domina seu cansaço, e o leva consigo, e o sustenta. Já conhece seu corpo em certos limites. Ensina o corpo a esperar, pois há sempre a recompensadora chegada. Uma simples recompensa, beber água. Mas não são esses simples gestos de alegria compensatória, de prenúncio da conquista, que buscamos vida afora?

O despojamento, a direta relação com a fonte, a boca que se estende ao líquido, todos gestos de confiança nas tarefas. Nessas pausas para refrescar-se, muitas vezes depois do dito brincar, não é raro encontrar a mimese do herói buscando repouso. Nunca se fala do repouso do herói. Só se observa o herói em ação. Mas o repouso, o distensionamento, o lugar de se refrescar, o suspiro guarda a modéstia de todos os seus imensos gestos de ação. Crianças gesticulam imensidades em seus trabalhos combativos. Seus gestuais de força são sempre muito, imensamente maiores do que o real. Existem relatos de crianças que sofreram um abrupto, ao se depararem com seu corpo inteiro, pela primeira vez, diante do espelho. Não se imaginavam tão pequenas. Viam-se imensas e muito fortes.

Ainda mais tocantes são os gestos que a criança intenciona de sua consciência, um ato anímico. Quando a criança consola. Quando mostra intimidade natural com a morte. Quando se mostra como mostrou-se o mais desenvolvido irmão dos seres nas terras da cristandade, o barroco andarilho do bem, Francisco de Assis. Em humilde serenidade deu de mãos com a morte, sua irmã não menos querida.

O consolo dado por uma criança diante da morte revela uma sensibilidade fraternal, pouco vista nos dias comuns. As faculdades da alma atuam, nasce ali um pequeno sacerdote, um psicopompo, um guiador da alma em transições radicais, quando é capaz de consolar a mãe pela perda do pai. Leva, de mãos dadas, o outro arrasado para um estado de consciência superior, para um lugar de visão mais clara, para um ponto ampliado de vida. Consola como quem opera palavras. Captura, para além de sua minúscula idade, gestos sapientes para corações flagelados.

Na seara que interliga morte e criança, começo e fim, um estudo gestual nos faria repensar quem fomos nos começos de nossas vidas. Nossos biográficos autocentrados, de infindas imputações às faltas alheias e fragilização, virariam pó nas veredas de longas descidas que outrora perfizemos em travessias órficas (ao mundo de Hades) de nossas infâncias. Há muito mais em nós, dos sussurros da frátria morte, do que ousamos investigar. Portanto, nossas células, o chão de nossos músculos, o limo de nossa memória, sabem muito bem sonhar, ouvir os conselhos da morte.

O gigante:
a criança

Uma das figuras que muito despertam a fantástica nos contos tradicionais é o gigante. De qual recanto da matéria-prima ficcional humana nasce a ideia do agigantamento? Será da mesma corrente anímica de onde nascem as ideias de miniaturização? As histórias de Gulliver, que não são propriamente contos tradicionais, escritas pelo irlandês Jonathan Swift, brincam com essa ideia de miniaturização e agigantamento num jogo de expansão e encolhimento. Talvez o mesmo jogo que conduz Alice ao país das maravilhas.

Quando esses movimentos de encolhimento e expansão aparecem, ao mesmo tempo, numa narrativa, temos o fenômeno da plasticidade imaginária encarnando suas forças diante de nós. A interiorização e a extroversão criando tensão e trânsito de intensa energia anímica, plasmando modos de aproximação e distanciamento, sugerindo formas de abordagem, modos relacionais entre forma e matéria, plástica pura de matriz epistemológica. Como lentes para formas de abordagens. Esses jogos normalmente mergulham as crianças no íntimo das coisas ou numa supervisão, de fora, do alto. Levam-nas para o dentro mais dentro, onde se movem impulsos, ou para o fora onde se pode apreciar não propriamente a pulsação das coisas, mas sua arquitetura final, suas modelagens, seu *shape*.

Quando o agigantamento predomina nos contos, quando a narrativa privilegia sua contundência, aí talvez tenhamos uma configuração de energia que privilegie a própria imagem do gigante. Não mais só um agigantamento momentâneo, que acontece de acordo com a perspectiva do personagem, ou por uma magia temporária, mas aqui, propriamente, surge o gigante.

Eles surgem e surge com eles a maravilhosa memória das forças desregradas, ingênuas, sensíveis e emotivas, broncas, abobalhadas, fáceis de logro e dadas ao perigo de suas naturezas descomunais. Normalmente, quer-se domar os gigantes nas mitologias e contos. Eles moram no fundo dos vulcões, geram trovoadas quando brincam, ou quando lavam suas roupas inundam o país de nevoeiros, ou compõem o séquito destruidor de algum deus maldoso ou rei impiedoso. Também são bíblicos e fazem parte de gerações de destruidores. São enganados por santos para construírem catedrais ou por pessoas espertas que usam suas forças. São frios e gélidos morando nas neves como o pé grande (abominável homem das neves) das américas, ou abrasivos e vulcânicos como os titãs da mitologia grega.

As crianças tratam desse enorme energetismo atabalhoado com vivo interesse. Quando trabalham por uns dias com as imagens dos gigantes, podem sentir mais de perto suas forças emocionais, seus destemperos, seus estados desastrados, suas reações grosseiras. São conduzidas para a percepção do ato de guiar. Quem conduz? Quem decide? São acionadas a contatar formas imaginárias que se movem por entre as lições da brutalidade e da medida, da frialdade e da sensibilidade, do autocentramento e do senso coletivo.

O gigante convida a criança a sentir movimentos tectônicos em si própria. Ele é uma espécie de bafo de forças que se movem mais ao fundo. Traz avisos de apaziguamento ou de movimentos desestabilizantes. Aciona a condução de grande força para algo construtivo, canaliza a energia desregrada num propósito, ajuda a concluir uma obra, a finalizar um processo. O gigante é um ativador dos sensos. Por seu modo incauto, traz uma filosofia das escolhas, da ponderação. Por sua monstruosa força, ensina que a força é uma parte, talvez uma metade a ser conhecida na jornada, mas nunca o aspecto decisivo.

Nos contos existem os gigantes que aceitam participar das tarefas. Eles são sinais de concentração de força, de um destino a ser dado para aquela enorme quantidade de energia. Sinal esse de grande capacidade de atuação, realização heroica, realização sobre-humana que se dá no humano. Também surgem como tecnologias mágicas que facilitam a realização dos desejos das mentes astutas, da esperteza. E sempre são neutros e por isso muito perigosos, pois as consequências do desejo realizado, quem com elas arcará foi quem desejou, e não quem ajudou a realizá-lo.

Gigante, portanto, é maravilhosa imagem de matéria bruta em trabalho, esculturação, inspiração de força laboriosa, poder movedor. Mas que necessita ser cuidado, trazido para perto, visto, afagado e, até mesmo, se necessário, ser logrado, em prol de apaziguamento. Mas jamais pode ser banido, reprimido, negado, degredado de seu lugar. Pois o gigante revoltoso provoca desmoronamentos. Erupcionar-se é destrutivo, adoecente, esfacelante.

Os contos, em suas cintilâncias infindáveis, poetificam nossos gigantismos, nossas deformidades, dramas, torções, dores. O sofrimento vivido no amadurecimento, no crescimento, na necessária maturação da personalidade, é generosamente codificado pela alma, em imagens muitas vezes extremas, que facilitam à criança o contato pelo impressionante, a coragem do encontro com sua sina, com o peso do soldo cobrado pelo nascimento da consciência.

O fantasma, a criança e as fronteiras

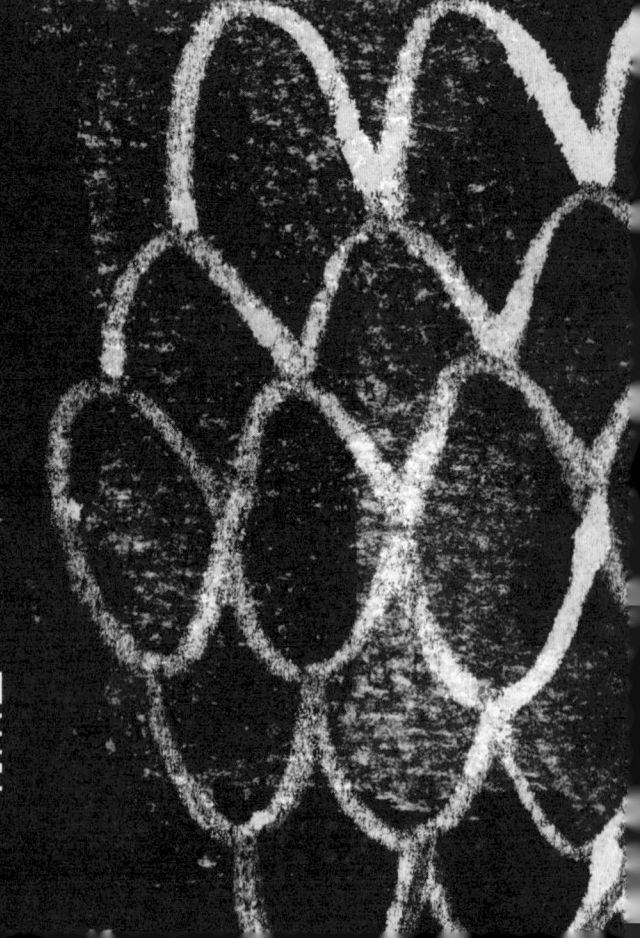

Um dos temas mais repetidos nos contos e histórias tradicionais dos povos é o de fantasmas e monstros que se apossam sorrateiramente das pessoas. Os fantasmas aparecem das mais distintas formas. Bizarros e deformados por natureza, são quase sempre estremecedores dos leitores e ouvintes dessas histórias.

Eles aparecem de muitos modos e, quase sempre, sorrateiramente colados atrás de suas vítimas, com a respiração rugida e a saliva a escorrer por suas miríades de dentes pontiagudos na boca imensa. Eles, muitas vezes, se fingem de pessoas e pedem uma carona na garupa do cavalo. Ou, mortos por algum motivo injusto, ou por atropelamento, passam a pedir carona aos caminhoneiros, apavorando-os. Ou mesmo são muito antigos, sem origem definida, rondam as noites das crianças à espreita, para raptá-las.

Essas figuras, quando deixam de ser contadas, nos contos ou nos causos populares, são reinventadas pela brincadeira das crianças de muitos modos. Passam a morar nos banheiros das escolas, nas casas abandonadas, num canto escuro da própria casa ou debaixo da cama.

Muito cedo, por volta dos três anos de idade, a alma já nos envia esses sonhos assustadores. E eles ainda hoje habitam o sentimento coletivo em muitas partes do mundo, sendo revividos por ondas de aparições e matanças inexplicáveis de animais.

Talvez hoje, muito menos, essas invasões terríveis e fascinantes da alma estejam ocorrendo. Nossas imagens internas não são mais tão cultivadas e credibilizadas. Nossa razão, já muito inflada, pretensiosamente psicologizada, nomeia tudo.

Mas as crianças, essas não param de sonhar! Não param de fiar nas imagens o compromisso de prosseguir crescendo, ampliando, criando reservas de vitalidade. E o medo dessas criaturas lhes é muito atraente. Funciona como um magneto, esse estado excitativo e aterrorizante do fantasma. Parece mesmo uma espécie de função vital, exigida pelo corpo, o contato com esse elemento malévolo da natureza. Uma espécie de aproximação que ameaça desabar todas as fronteiras, que vai ao limite do suportável pela individualidade, que tem o signo do mais invasivo e possessivo possível. O risco de ser dominado pelo fantasma, de ser recolhido para sempre por ele, de ser comido pelos olhos, de ser transformado em uma coisa servil do bicho, é o sentimento da perda completa de si, de afastamento da intimidade, de banimento total do ninho familiar.

Por que desejamos esse estado limítrofe? O que fascina nas crianças esses medos primais? O que são essas formulações que nada têm a ver com ética, com lição de moral, com caminho de conduta, com ser boa ou má pessoa? Que tipo de regulação é essa a que nos impomos, temerosa e graciosamente, nos tempos de brincar com as noites?

Somos, quando crianças, talvez mais do risco que do conforto. Somos, nos começos de nossas vidas, provavelmente mais das experiências fronteiriças que do centro organizador, pois não é do centro que nasce o senso do equilíbrio, e sim da provocação periférica que nos convoca ao centro.

Talvez, no brincar, gostemos mais da constrição adrenalínica, que nos impõe respostas adaptativas, do que da velha busca pela tranquilidade dos adultos, já com poucas opções de respostas, com seus recursos neuronais empreguiçados. Provavelmente, o grito mais ensandecido da alma pela boca ensanguentada de um fantasma ponha a criança muito mais próxima de sua profundidade corpórea, de sua verdade óssea, límbica e material, do que as bem-comportadas receitas da cultura pedagógica, emaranhada em suas funções organizacionais, constrangendo o viver para o mundinho escolar. Aliás, diga-se de passagem, Freud "assessorou-se", no alemão, da palavra "constrangimento" para criar o termo "neurose".

Talvez o fantasma acione com prontidão lugares mais primitivos, recursos de energias mais aptas ao despertar, celeiros de impulsos necessários à ampliação da memória relacional, memória essa que nos faz interagir mais vivamente com o meio logo ali, após a nossa pele, além da fronteira. E, por outra via, também nos impõe o contato direto com o meio logo aqui, em nosso interior, antes da pele, para cá da fronteira.

A fantasmagoria na infância se desprende do visceral, do esfincteriano, do parassimpático, de nossos modos de regulação mais primitivos.

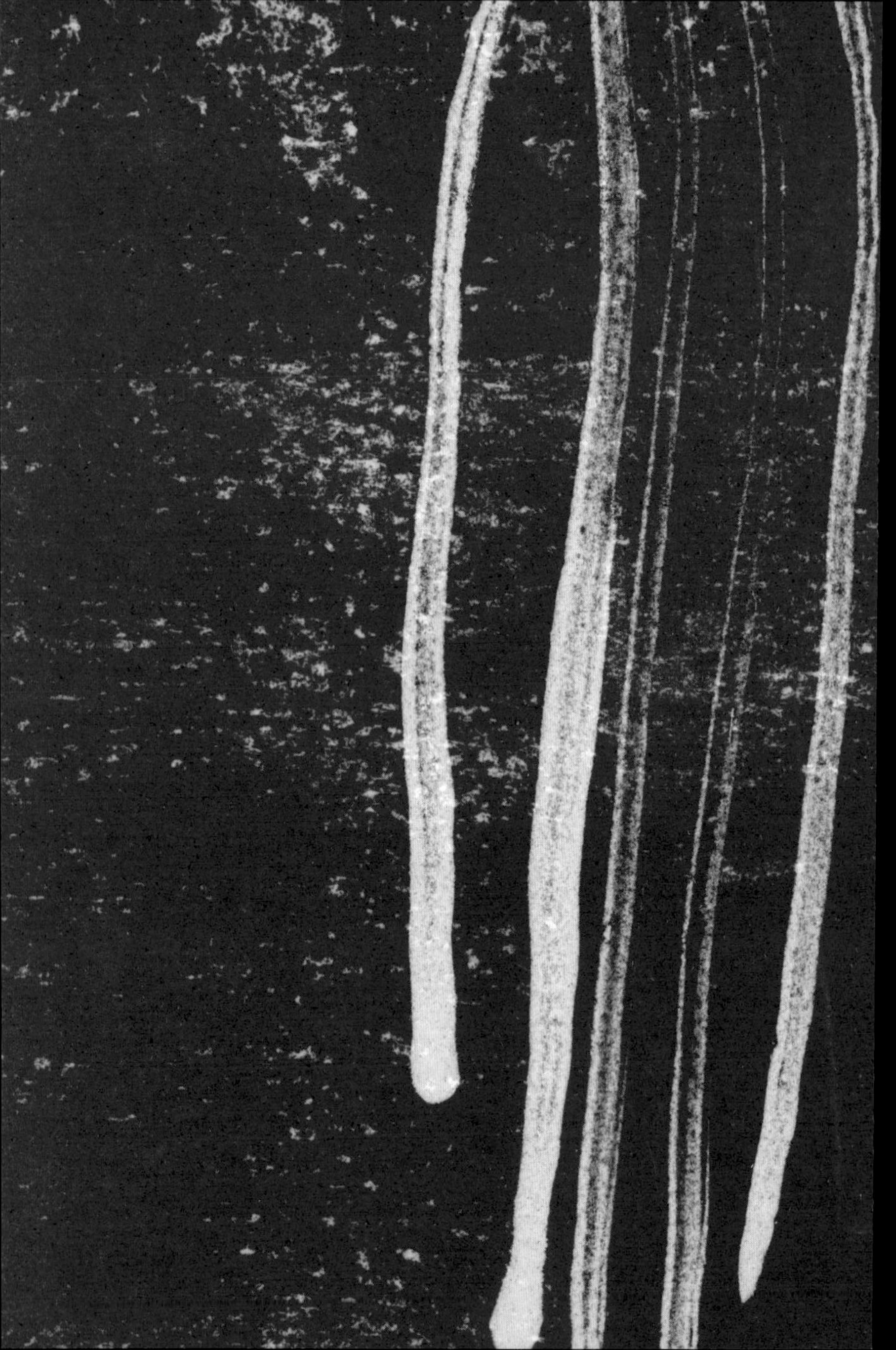

a criança no mundo

A criança e a dor em Jean-Michel Basquiat

A dor na criança exala pela superfície do corpo, nas linhas do gesto. Mas emerge desde as fibrilações somáticas. Movimentos agudos. Voz estridente. Cansaço contínuo. Medo repetitório. Silêncio resignado. Distância. Dispersão. Distância dos desejos utópicos.

Do corpo em si, a dor derreia para as coisas feitas, os desenhos, as pinturas, as modelagens, os brinquedos, as brincadeiras. Quase sempre na linha, nos relevos e nos espaços de composição, nos fragmentos plásticos da criança, pode-se encontrar a dor.

Muitas vezes, a dor é eruptiva e grita no traço forte, nos agudos e longilíneos. Outras vezes, ela se quer nula e cala na cor opaca e melancólica. Mostra-se também a dor de forma embargada, contorcendo a forma. Quando se revela reprimida, compacta-se no espaço. Há a dor silenciosa que sucumbe nas dimensões do traço fraco, apagado.

No entanto, atenção! Nem sempre o compacto, o contorcido, o agudo e longilíneo, o opaco e silencioso são formas de dor. Tudo isso, muito bem, pode ser brinquedo de conhecer e desfiar a dor. Quem sabe, experimentos da coragem. Coragem para compactar, contorcer, represar, calar, inverter, estancar e, sobretudo, ser sangria.

Jean-Michel, esse anjo Basquiat, sabia evocar com poder os múltiplos da dor. Conhecia a via da criança e seu traço primo, feroz, livre e nu. Praticava sua liberdade brutal evolando matéria pictórica e grafismos do núcleo congênito de cada símbolo.

Basquiat conjurou sua criança. Não só a ferida, mas a divina. Aquela que traz a inocência e a beatitude. O poder e a delicadeza. O passado mais recuado e o futuro. A sublime alegria e o assombro infernal. O andrógino e a cura.

Se ele, anjo muito delicado, não tivesse rareado seu tempo e, assim, suportado tanto mais esse esganiçado mundo, talvez tivesse alcançado o poder de virar passarinho. A criança, quando queixa sua força, recorre ao grito da expressão. Chama pelo anjo Basquiat.

A criança divina e a desonra de um inocente

Ao menino Arthur Lula da Silva

O mais comovente da divindade nas culturas é representado pela criança. A criança divina. Uma ampla mitologia que funda as tradições mais antigas tem na criança sonhos de mistérios, medos sobrenaturais, visões de poder. Podemos citar tantas festas que celebram crianças divinas em todo o mundo, das quais as mais notáveis talvez sejam o nascimento de Jesus e de Krishna.

Para Jung, o cientista das religiões, a criança divina é o próprio *Self*, o núcleo sublime, eterno, a unidade do homem com a criação.

O anúncio do nascimento de uma criança em nossa vida, em nossa família, é sempre venturoso, mesmo que na dor. Um filho chegando manifesta em nós a intuição de algo divino. Revela, mesmo que por um instante, a presença viva e silenciosa de algo para além, de coisa autêntica da vida, faz em carne uma verdade do existir. A criança põe luz sobre a opacidade de nossas neuroses, imprime alegria, exige-nos fazer melhor, desperta-nos o córtex da memória, nos força à dedicação, evoca venturas.

A inocência da criança, a ingenuidade que a guarda da lama do ressentimento e do ódio, seu pensamento imagético amabilíssimo, sua capacidade de criar no mundo – mesmo o mais rude – um recanto de vida imaginária é e sempre será um anúncio da presença do Divino.

Uma sociedade que escarnece (arranca-lhe as carnes), em brados, de uma criança – especialmente na hora desse profundo nascimento que é a morte – já sangra, está hemorrágica. Um povo que espezinha em cima da dignidade de um menino em sua travessia, na hora de sua despedida da via-crúcis terrena, está, como coletividade, prestes a perder por completo a graça natural, o brilho de sua alma.

O Brasil está se automutilando a golpes de machado. Pela linguagem mitológica, pelas imagens do inconsciente coletivo, posso dizer que vi, nas redes sociais, o esquartejamento público de uma criança.

A alma do Brasil está profundamente adoecida. Beira os extremos perigosos de sociedades que se autodestruíram por genocídios, matando seus próprios irmãos com foices, facões, execrações, estupros coletivos, degolamentos e enforcamentos, valas comuns abertas nas esquinas.

Parece exagero? Não nos enganemos. No nível inconsciente da cultura brasileira, isso já se reinaugurou com a mesma voracidade dos tempos das senzalas e chibatas. A carnificina simbólica cada vez mais agoniza no lodo podre do palavreado coletivo, ganha proporções mais e mais assustadoras.

Do inconsciente para o consciente cultural, do pensamento violento para a barbárie já não existe quase limiar. A somatização já está em curso há muito tempo.

Quando a degeneração pretende presunçosamente macular aquilo que os mestres do inconsciente chamam de *Self* (a criança divina em nós), o câncer já se infiltrou perigosamente no amor-próprio, no autorrespeito de uma nação, comprometendo todo o senso de preservação, de equilíbrio, de justiça.

Rogo, pois, com a alma calada, em silêncio, pela morte do menino Arthur, rogo pelas crianças do Brasil!

Rogo ao amor maior, rogo somente àquele que realmente tem para dar, ao amor da Mãe, da Divina Mãe: guarde em seu coração nossos filhinhos e filhinhas. Envolta, cinge em teu puríssimo amor as crianças de cada um de nós brasileiros. Inclusive, oh Mãe, daqueles que não respeitam mais as crianças. Rogo para que nos preserve de sentimentos tão pesados!

Rogo também ao sublime menino divino de nossa cultura cristã, o doce Jesus, Senhor do amor, que saibamos amar todas as nossas crianças, independentemente de quais pais, mães e avós tenham.

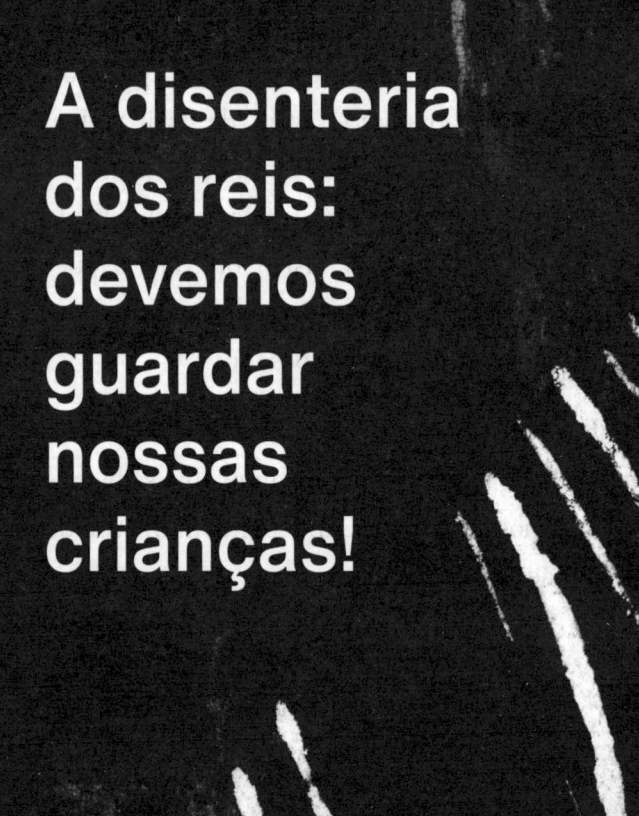

A disenteria dos reis: devemos guardar nossas crianças!

Dedico este texto ao herói Janusz Korczak, médico e educador polonês, e às suas duzentas crianças.

Sabe-se, desde muito, de um inescapável elo entre as narrativas de intestino e a insanidade mental. Se buscarmos antigas iconografias, ou contos de fadas, ou mitos de engolimentos, entenderemos que o intestino é uma imagem primordial da transformação da consciência, a fábrica de assimilação das propriedades vitais e a doação dos estercos, dos excretos, dos adubos, das possibilidades de fertilização.

Mas, no mundo onírico, as imagens que emanam seus fachos de luz das profundezas longínquas e escuras, de dobras resguardadas e sinuosas, de enseadas abissais, não estão em linearidade. Essas mesmas imagens de transformação da consciência, atribuídas ao intestino, também podem se cambiar em imagens de contaminação, envenenamento, intoxicação, entupimento, regurgito, vazamento, golfo e revolto.

Quando o intestino não funciona, quando está impedido, comprometido, carcomido, a merda que deveria sair e adubar, se (re)volta e vaza, em forma de toxina.

Apodera-se da corrente sanguínea e contamina o vivente, corrompe o polo oposto à saída fecal, que é a saída oral. Em alguns gera diarreia verbal.

Isso pode ser entendido de forma literal, carnal, biológica. Haja vista os estudos, já exaustivos, mostrando o intestino como o segundo cérebro, contendo de 200 a 600 milhões de neurônios.

Mas não é do biológico, e sim do simbólico, que quero falar.

Para isso, vamos antes a uma imagem, que é fala constante dos desviados morais, os fascistas. Sendo a fala da pessoa, é, portanto, a própria pessoa. Pois somos construídos e também reconhecidos por todos, justamente, por aquilo que falamos de nós e dos outros.

Importante e central: muitas vezes não é a diarreia verbal de qualquer pessoa, e sim de líderes políticos apoiados por milhões de pessoas em suas nações.

Tais líderes, no clímax de suas emoções (em)fezadas, trabalham com imagens grotescas, de natureza anal, disentéricas. Sem qualquer decoro, sem levar em conta as senhoras de "boa família", eleitoras deles, que tanto se arrogam defender. Sem querer saber de todos os outros que não os elegeram e, nunca, desde o começo, toleraram suas fixações anais.

Esse buraco subterrâneo que é o ânus é uma imagem antiga de terror, medo e prazer. É escuridão e fascínio. Um orifício da descida à própria matéria psíquica.

Quem limpa os estábulos de Áugias (Hércules) cheios de merda, ou atravessa o pântano de matéria podre do Estínfalo, são só os de coração verdadeiro, os heróis. Os covardes sucumbem ou sequer chegam perto. A não ser pela queda, pela desagregação da personalidade, pela perda total da razão, só lhes restando aí o atoleiro.

Hércules foi limpar os estábulos, que nunca haviam sido limpos, do maior rebanho – propriedade do rei Áugias, de Élida – que já se ouvira falar. Cumpriu, assim, mais um de seus doze trabalhos, colocou a mão na massa da matéria fermentosa inconsciente e não só sobreviveu a ela como também elaborou transmutação pela mudança de curso de dois grandes rios em direção à fedentina dos estábulos do rei. Águas alquímicas da consciência.

Isso é muito diferente da fixação anal dos poltrões e tristes moralistas. Entretanto, não deixa de ser perigosamente, inversamente, a mesma matéria-prima, a mesma energia inconsciente, com a qual Hércules contatou.

Parte significativa da sideração simbólica que se faz mobilização ideológica de tais líderes tem sido fundamentalmente em torno do ânus e sua intrincada extensão tripal. Um orifício de grande valia política para mobilização de massas enfurecidas. Uma errante estratégia de capitalização política: o cu.

Multidões de pessoas, em muitos países, devolvem, em confirmação, gritos uníssonos a um dos temas (pre)feridos desses líderes. Fixam-se, em coro altivo e concêntrico, no próprio orifício desses políticos machos e bem animalizados.

Aqui chego, com mais rapidez do que gostaria, ao tema central: Nero, Calígula, Herodes e Hitler, só para citar alguns, sem passar pelos pedófilos, também, todos eles, transitaram em torno dessa inversão de curso da energia psíquica, criativa. Cada um deles manifestou aspectos doentios de fixações anais e orais.

Atolaram-se e sucumbiram obstinadamente na merda, no buraco escuro, na fedentina. Obsedaram, com sua libido, como é próprio dos sádicos, os poderosos símbolos da morte. Sadismo é libido, energia criativa, atada, algemada, aos instintos de morte e degeneração.

Não por acaso, esses autodenominados reis tiveram atitudes e curiosidades aberrantes, invertidas, sobre as crianças (como origem da vida) e as mães. Herodes e o infanticídio dos primogênitos. Nero abriu o ventre da mãe para saber de sua origem. Calígula estripou uma mãe com a criança em seu útero.

Hitler, para citar um único exemplo, matou o educador polonês Janusz Korczak, que se absteve inequivocamente da covardia. Mesmo tendo duas oportunidades de ser resgatado do campo de concentração, decidiu morrer exterminado ao lado de seus duzentos alunos, crianças judias. Preferiu, com o fogo inextinguível da consciência do herói, limpar com aqueles meninos e meninas os estábulos de Áugias, morrendo, todos juntos, à bala, no campo de Treblinka.

Guardemos nossas crianças, os reis estão disentéricos!

A menina Ártemis: a deusa da lonjura em Greta Thunberg

Uma vez nascido um deus, o mundo começa a mudar. Porém os deuses nunca nascem; eles renascem. E já era tempo de renascimento. O sol feminino de Ártemis se fez anunciar do apuro coletivo! Veio de uma região da Terra já maturada outrora no paganismo. Aquela onde, em tempos remotos, a religião era imanente à natureza. No norte mais ao norte do mundo, Ártemis brotou em Estocolmo.

Rebentou numa menina de nome Greta Thunberg! Menina que manifesta o estranho frescor dos que só se contentam com o essencial. Esses, na Terra, são quase sempre desconcertantes. Estranheza que vem de um longe vital. Fernando Pessoa bem o manifesta:

> Passa uma borboleta por diante de mim
> E pela primeira vez no Universo eu reparo
> Que as borboletas não têm cor nem movimento,
> Assim como as flores não têm perfume nem cor.
> A cor é que tem cor nas asas da borboleta,
> No movimento da borboleta, o movimento é que se move,
> O perfume é que tem perfume no perfume da flor.
> A borboleta é apenas borboleta
> E a flor é apenas flor.

Tal estado de lonjura, nas palavras do poeta Pessoa, só a sublime Ártemis alcança em plenitude. É do longe esse estado, retirante, distante do ferro ferino e do frio aço, vivente de regatos muito selvagens. Onde se encontra a seda natural, o zumbido que gesta mel, a cera pura e airada das colmeias livres. Lugares onde há águas de azuis tão azuis, que se vê a abundância da cor despregar do elemento líquido e flutuar, evanescendo em bruma por sobre a água.

Pura e estranha é Ártemis. Casta. Como casta é a vida selvagem. Lá, a matéria transformada em ferramenta, o aço cortante dos interesses financeiros, os acordos de sedução não entram. É direta a via. Só dita pelo canto verdadeiro, de propósito, em prol da vida. Não há palavra vã; dizer é ato de criação.

A única deusa capaz de fazer sucumbir a sedutora Afrodite é a austera Ártemis. Diante de seu poder triunfante de ascética retidão, deusa de epítetos da pobreza santa, "rainha das rudes cordilheiras" (Ésquilo), "flecheira lépida" (Homero), "senhora das bestas selvagens" (especificamente na *Ilíada*), Afrodite afrouxa seu espírito difuso, de pouca coesão. Ártemis é soberana inconfundível em seus domínios.

Castidade em Ártemis não é repressão da força criadora feminina, muito menos a imagem da boa moça recatada e confinada à hipocrisia dos misóginos. Casto em Ártemis é um poder sóbrio, destemido e intocável da natureza. O feminino aqui é ascese habitante dos vales fundos coalhados de vida. Não a ascese magra e sucumbida dos fanatizados pela santidade. A asceta Ártemis é trigueira, veloz, corre com os filhotes dos lobos, ultrapassa o salto dos cervos, é feliz nas águas puras e precisa e viril em vestar seu arco impiedoso.

Vimos a menina Greta falando no parlamento das Nações Unidas. Será a fala da jovem um sussurro de Ártemis? Ártemis renasceu? Não pretendemos com isso sugerir o aparecimento de arquétipos. Recorremos apenas ao direito de devanear nas imagens, testando suas fases, investigando suas formas de estetização. E, nesse direito – e somente por ele –, nos foi sugerido um sonho: ouvi o anúncio, Ártemis renasceu!

A menina Greta, falando, mantendo uma abstinente distância do vício social humano, com a palavra comprometida em dizer unicamente o que deve ser dito – a palavra unida à criação –, vestou seu arco. Foi soberana diante da decrepitude dos políticos que fiam seus interesses e abandonam a vida.

Seu assumido autismo é castidade da palavra, é linguagem consubstanciada de criação, força direta, fulminante. Ártemis pagã. Não quer popularidade. Não quer escola. Nem quer estudar o que não serve para fazer vida e refazer o mundo. Quer ação. Quer compromisso com a Terra. Lugar para sua geração. E faz. Tenciona seu arco, lança suas flechas. E vive.

As codornas, no antigo mundo grego, quando vinham aos bandos, em cardumes no céu, eram celebradas pelos argivos (habitantes de Argos) como o retorno de Ártemis. Vinha Ela, a deusa, de longe, de um mundo intocável como nos diz Ésquilo sobre sua morada: "Na várzea virgem, onde o zagal receia apascentar seu rebanho, onde nunca chegou o gume do ferro e somente a abelha voa zumbindo na primavera; reina aí a castidade".

Vimos nas notícias, por obra da menina Greta, centenas de milhares de jovens (gigantesca manta de codornizes a voar) em todo o mundo andando, cantando, preparando seus arcos, para dizer que o tempo é propício para as festividades da Excelsa Ártemis. Conclamou nada menos que os jovens e crianças do mundo para dizer da única e importante necessidade: o direito à vida na Terra. As codornizes voltaram! Ártemis renasceu.

A menina Greta, por nós desse tempo sem saber, é diagnosticada com síndrome de Asperger, autismo. No entanto, nos gestos da flecheira, autismo é capacidade de alvo, precisão de propósito, olho que mira o chamejante silêncio. O semblante sincero, sem jogo, uma presença simples. Um interesse uno, uma determinação parente dos rinocerontes, dos búfalos, das manadas de javali e das monarcas mariposas.

Já não sei mais quem disse na ONU, para os adultos políticos e gestores do mundo, se foi Ártemis ou a menina Greta Thunberg. Um vate, um depurativo:

> Vocês só falam em eterno crescimento da economia verde, porque vocês têm muito medo de se-

> rem impopulares. Vocês só falam em seguir adiante com as mesmas ideias ruins que nos colocaram nesta bagunça, mesmo quando a única coisa sensível que se deve fazer é apertar o botão de emergência. Vocês não são maduros o suficiente para dizer do que realmente se trata. *Até este fardo vocês deixam para nós, crianças.* Mas eu não me importo em ser impopular. Eu me importo com a *justiça climática e um planeta que vive*. Nossa civilização tem sido sacrificada em benefício de uma quantidade muito pequena de pessoas para continuar fazendo quantidades enormes de dinheiro. Nossa biosfera está sendo sacrificada para que gente rica em países como o meu possam viver em luxo. É o sofrimento de muitos que pagam pelo luxo de poucos. [Grifos do autor]

Greta, desde esses primeiros anúncios em parlamentos mundiais, segue acordando jovens em todo o mundo. Faz-se solo. Plantada está. A vida se quer renascendo. A deusa numa menina, quão gentil é o mistério! Um feminino ao meio-dia. Talvez o mais belo! Uma monja das plagas do alvorecer. Terrena em tudo. Incorporando o que gesta, envolvendo os novos da Terra, convidando a vontades de larga alçada. Mesmo que destruamos tudo, a vida vem vindo em turbas de codorninhas. É Ártemis chegando.

A função do inquietante e o começo da vida

Havia uma história numa pequena cidade onde vivi, uma cidade no Maranhão, fincada numa chapada, com arredores de rios muito claros. Uma história que circulava entre as crianças, da louca que gostava de caju. Diziam meus companheiros de infância que ela ficou louca por ter matado seu próprio filho, recém-nascido, ao rolar por cima dele enquanto dormia.

Era uma história que aparecia como uma afirmação grave e brutal entre nossas conversas de meninas e meninos. Aquilo não ameaçava diretamente meus companheiros, além do devaneio que o causo abria. Mas, para mim – na época tinha oito anos de idade –, era um sonho com um grau de terror e também de fascinação. Levava-me ao território do inquietante.

Nas temporadas de caju meu medo aumentava. Temporada de caju na minha memória de infância – além de tantas maravilhas como a caça das pipiras (passarinhos comedores da fruta), a confecção das baladeiras, a montagem das arapucas com talo de buriti – gravou um alerta, uma vigília para o espectral, um pressentimento de susto.

Dois eram os motivos para esse alerta. Um, que nossa casa tinha mais de dez espécies de cajueiros no quintal, todas árvores velhas e, portanto, muito férteis. Ficavam carregadas nas temporadas. Saboreávamos muitos tons de doçura, acidez e travo.

O outro e aterrorizante motivo, vinculado imediatamente a esse, era que a doida do caju era vizinha próxima. Morava depois de um terreno baldio e mais duas casas para além da minha. Literalmente, o terror morava ao lado e gostava muito de caju.

Muitas, tantas, inúmeras vezes eu entrava correndo pela sala da casa, vindo das brincadeiras de rua, e, de súbito, dava com aquela mulher ainda jovem, lívida e esguia, com cabelos grisalhos inteiramente assanhados, vestida num chambre esquálido, sentada na sala com uma pequena tigela de louça, cheia de caju, servida gentilmente por minha mãe. O impacto era paralisante. Causava tremor, raiva e disritmia ao mesmo tempo.

Entrava pela casa adentro bravo reclamando com minha mãe por deixar "aquela" fantasma se esgueirar na nossa casa. Mas, depois que a raiva e o medo aquietavam, voltava eu em silêncio total para espiar a mulher. Nunca vi alguém comer caju com as duas mãos de forma tão apetitosa e elegante como ela! Aprendi a comer caju, de verdade, saboreando-o, com essa doida.

O halo sonhador de meus sete anos não me deixava ver na doida uma mulher real. Aquela pessoa – não sei seu nome até hoje – era um autêntico ser espectral infuso numa bruma de morte. Era uma criatura com a pele das lagartixas albinas que eu costumava contemplar quando andavam nas paredes do meu quarto. Via eu, de algum modo (talvez o modo imaginador), o emaranhado fluxo de veias por dentro de seu rosto e braços pálido-transparentes irrigando aquele sistema inumano.

A história da morte de seu bebê a acompanhava por onde eu a via. Era inescapável aquela presença não causar em mim uma tensão interna. Um mistério que me enredava na noite dos pensamentos de criança. Era a autêntica natureza do fascínio.

É justamente do fascínio na infância que novamente quero falar. Mas, agora, pela via do inquietante.

Freud tem um texto de 1919 com o título "O inquietante". Não levando em conta as encalacrantes causalidades freudianas advindas da repressão e do desejo; admirando seu brilhante esforço literário em identificar um núcleo do inquietante dentro da ideia da angústia; desconsiderando sua disjunção racionalista em sempre desconfiar da imagem, há nesse texto uma alegria investigativa muito simples, um interessantíssimo levantamento etimológico da palavra "inquietante" em diversos idiomas.

Esse tear de etmos construído por Freud é maravilhoso, pois cria uma espécie de correnteza natural no texto, conduzindo a canoa de nossa reflexão para pequenos e novos atracadouros de sentidos. E o melhor: nem sempre os mesmos sentidos encontrados por Freud.

Uma das tramas centrais dessa correnteza etimológica mostra o inquietante como contraditório ao íntimo. Isso nos basta, por hoje, dessa colheita na fértil narrativa freudiana.

No entanto, sigo agora com um leitor de Freud, que também relê Jung. Um leitor livre, confiante na liberdade criadora do investigador das imagens, empenhado em ativar símbolos e sentidos: James Hillman. Ele traz, da mitologia, significativa ideia que nos ajudará a voltar para a doida do caju: os filhos da noite.

Com os filhos da noite, quero andar pelo inquietante na infância, nesse começo da vida. Quem são os filhos da noite? Mas, antes de tudo, comecemos pela noite, depois vejamos seus filhos.

Noite. Hora da descida. A anunciação das trevas. Preparação para aquietar. A hora em que os bebês se agitam e as crianças maiores se destrambelham em brincadeiras agitadas pela casa. Momento de entregar a alma. A hora das histórias de ninar, das músicas de acalantar, a hora de pedir guarda ao anjo para um sono tranquilo e sonhos benéficos (já que existem os maléficos). Já que existe o desconhecido, o sem controle, o não real, o assombroso. O inquietante. O mundo subterrâneo de Hades.

As coisas melhor organizam seu propósito, sua substância, quando levadas à noite, ou gestadas na noite, para que daí venham ao dia. O segredo, a invisibilidade, a oclusão, são moradas dos estados de gestação. Para que depois se possam dar à luz.

Essa noite tem seus filhos. Hipnos (senhor do sonho, que decide sobre o sono dos homens) e Tânatos (morte) são irmãos gêmeos. Em Hesíodo e sua *Teogonia*, a noite produziu uma grande geração de filhos; Hipnos e Tânatos são parte deles. Vejamos o que diz o poeta:

> Noite pariu hediondo Lote, Sorte negra
> e Morte, pariu Sono e pariu a grei de Sonhos.
> A seguir Escárnio e Miséria cheia de dor.
> Com nenhum conúbio divina pariu-os Noite trevosa.
> As Hespérides que vigiam além do ínclito Oceano
> belas maçãs de ouro e as árvores frutiferantes
> pariu e as Partes e as Sortes que punem sem dó:
> Fiandeira, Distributriz e Inflexível que aos mortais
> tão logo nascidos dão os haveres de bem e de mal,
> elas perseguem transgressões de homens e Deuses
> e jamais repousam as Deusas da terrível cólera
> até que deem com o olho maligno naquele que erra.
> Pariu ainda Nêmesis ruína dos perecíveis mortais
> a Noite funérea. Depois pariu Engano e Amor
> e Velhice funesta e pariu Éris de ânimo cruel.
> Éris hedionda pariu Fadiga cheia de dor,
> Olvido, Fome e Dores cheias de lágrimas,

Batalhas, Combates, Massacres e Homicídios,
Litígios, Mentiras, Falas e Disputas,
Desordem e Derrota conviventes uma da outra,
e Juramento, que aos sobreterrâneos homens
muito arruína quando alguém adrede perjura.

Uma geração de criaturas, em última instância, mensageira de toda deterioração, que põe sob pressão o desespero da finitude. Por isso operam no despertar. Inquietam a alma. Arrancam-na da preguiça e da paralisia cínica. Açoitam os fatigados.

No mundo, nas cidades, nos bairros onde moram as crianças, nas casas e seus dramas familiares, moram muitos filhos da noite. Vivem muitas vezes como invisíveis. São obscuros. Moram nos quartinhos dos fundos. Assustam as crianças. São tratados mais como entes do que como pessoas. Ninguém os provoca. Eles dizem o que querem. Comem como querem. Se vestem como querem. Acreditam no que querem.

A doida do caju era uma filha da noite de nossas infâncias. A própria aura da morte. Quase uma sombra. Uma Perséfone louca, que na primavera dos cajus começava a se mover para sair das garras de Hades. E subia ao dia, à luz de meu quintal de pipiras, baladeiras, arapucas e cajus docinhos. Subia pálida. Toda ainda noturna. Toda ainda enredada em seu manto hibernal, assanhando minha intimidade confiada. Ameaçando as minúcias bem guardadas de minha infância.

Uma pedagogia viva do inquietante leva a criança ao risco. Mostra a beira do abissal. Uma porta para o mistério. Um ensejo despido e revelador da humanidade. Saída da escuridão, aquela mulher se flagrava na luz. De tal maneira que não se via realidade nela. Era um Hipnos de minha infância. Quando aparecia, era a maré dos terrores do sono.

Minha doida do caju, que quase poderia ter sido minha namorada da noite profunda se criança o fosse. Que me levaria para o tártaro de mãos dadas. Meu inferno. Uma encantaria viva, uma gravidade de poderosa afeição, empatia, encantação.

O medo inquietante exalava de seu chambre velho de tecido quase roto. Eu não tinha coragem de sentir seu cheiro. Ela, quando surgia na sala da casa, me arrancava, da segura intimidade familiar, do aconchego da casa, das tranquilidades sonhadas nos quintais, das birras com os outros por um pedaço de matéria. Ela era a realidade onírica pura. O humano apossado de qualidade divina, de furor e silêncio. Doidos são como composteiras. Inventores de linguagens. Ganeshas e Exus.

Minhas filhas mais novas têm um tio que é da noite, doido. O tio Nando. Outro dia, ele calçou seu par de all star ao contrário nos pés. Uma delas, que então se iniciava desbravando o mundo das ordens, das coisas e seus lugares, disse para ele: "Tio, tá errado o tênis, tá trocado, coloca certo".

Ele, então, já com muitos anos imerso na fenomenologia do mundo bestial de matéria onírica, todo ao contrário, dado à volúpia estressante das noites sem fim, nada linear, respondeu: "Tem que ser assim, assim é o certo, com as pontas para fora, quando anda vai abrindo (gesticulou com as mãos a abertura), abrindo os caminhos".

A menininha, então, também dotada do poder mágico das imagens (como o são as crianças), parou e ficou observando com grande interesse a MITOdologia de seu tio da noite. E seguiram, rindo um do outro e imitando o gestual de andar com os sapatos trocados, abrindo os caminhos.

Uma cena de pura humanidade, a menininha na noite de seus três anos e o tio na noite profunda de sua existência de já quarenta anos. Uma graça do viver as crianças terem perto de si, como amigos, irmãos, parentes, esses filhos da noite. Pessoas assentadas no inquietante. Naturezas acostumadas a pelejar com as desagregações do devir. Forças ígneas que nos levam à faixa mais real da existência. Gente de ordem oracular.

São esses os psicogogos. Capazes de levar, conduzir a psique, a alma das crianças, para o reino que sempre lhes oferece propiciação: a noite inquietante.

Auspício de voo no brincar

Nestes já findos dias de setembro, quando ainda ventos sopram copas, arrancando-lhes as flores e sementes de tão leves voos, lembremo-nos de coisas guardadas no olhar das crianças.

Queremos, com estas palavras, apenas inspirações de pouso e rotas de voos. Rotas de asas desenhadoras de ar. Imagine colocar um finíssimo pincel nas pontas das asas de um passarinho e esperar que suas piruetas de nados no ar, neste oceano de ar, traduzam um impressionismo da liberdade. Um impressionismo dos sonhos mais livres.

Passarinho não poderia ser um expressionista. Não é dado à existência, ao encarnamento dos sentimentos. Passarinho é mais o ar livre de Renoir. Dado aos pictóricos das sombras que não se fazem nos pretos da paleta, mas nos traços luminosos e claros instruídos aos pintores do ar livre. Sombras quase nunca pretas, mas nascidas nos dourados e resquícios azuis do violeta. Pois das asas incidem as predominâncias da clara luz. Do voo nascem as mais prodigiosas insinuações de se elevar. Já observaram? Já viram como algumas crianças, meninos, não sossegam de admirar, de buscar, de caçar tanta luminosidade?

Duvidamos que menino caçador de passarinho só queira o bichinho. Suspeitamos, com forte tendência à convicção, que o menino, com sua arapuca, seja mais um buscador da luz, um pintor de pouquíssimos contrastes, um sonhador do douro azul. Não podemos reduzir a gaiola apenas à maldade de prender. Comparamos, por vezes, a gaiola do menino à moldura do pintor de relvas e fontes, copioso das luzes no ar.

Entretanto, queremos melhor nos explicar. Para que investiguemos com cuidado os desejos de asas nas crianças, devemos aspirar não somente a matéria do ar, nem apenas a luz de fora, solar. Não é uma questão de vasculhar a matéria do oxigênio, nem as propriedades prismáticas do espectro ocular: é uma questão de investigarmos a luz.

Para iniciarmos esse entendimento vos oferecemos Jacob Boehme:

> Mas agora reflete: de onde vem o matiz no qual a nobre vida se eleva, de tal modo que, de adstringente, de amarga e de ígnea, ela se torne doce? Não encontrarás outras causas senão a luz. Mas de onde

vem a luz para brilhar assim num corpo tenebroso?
Falas do brilho do sol? Mas que é que brilha então
na noite e dirige teus pensamentos e tua inteligência, de modo que vejas com os olhos fechados e
saibas o que fazes?

Jacob Boehme foi chamado o Príncipe dos Filósofos
Divinos e, evidentemente, ele está, nessa passagem, exa-
minando nossa dimensão divina, a matéria primeira que
faz morada em nós como impulso ascensional da alma.
Citá-lo aqui não é um exagero. É, sim, uma opção propo-
sital de evidenciar enlevo nas obras do ser humano criança. Impulsos, instintos, pulsões, obsessões nem sempre
são matérias meramente psicanalíticas. E se algumas
fixações, quem saberá, estiverem operando como trau-
mas metafísicos, memórias cosmogônicas, e não como a
minúscula energia da personalidade e sua trama mental?

Portanto, qual segredo da luz se esconde na cobiça do
menino pelas asas do passarinho? Esse segredo está no
voo aberto, no vento, no céu, na largura de horizontes?
Ou na liberdade que açoita ventos em campos de giras-
sóis no interior da criança? Caçar criaturinhas do voo
é apenas uma curiosidade pela mecânica dos corpos a

flanar, das asas do bichinho que luta em desespero pela fuga? Ou uma quase obsessiva busca pela luminosa, clarificada suspensão de seus sonhos e desejos de a si alargar, clarear?

Não é possível examinarmos a suspensão no brincar, as brincadeiras do voo, se não for pela luz. Mesmo o voo noturno é agudíssimo à luz. Luz das estrelas, da lua, do brilho no mar. O menino conhecedor dos passarinhos da noite tem olhos sensíveis ao prata das penas, ao brilho e reflexo de seu olhar. Por outra, menino caçador das asas diurnas é sensível aos pigmentos, aos tons tão diversos de canelinhas cor de grafite, bicos vermelhos, cristas rubras, penas cintilantes, tons desses surpreendentes seres que fazem cores decolar.

Mas observemos, observemos bem, essa luz que encanta o olhar, esse cintilamento: é só o mais superficial impulso da busca. Há o intento axial, como nos diz Boehme, aquele que se mostra em nossos olhos fechados. Assim, "menino e passarinho" se faz metáfora de acendimentos. Verticais e cintilantes acendimentos. Ascensões cardíacas. Pois a luz do voo é das campinas da alma, da esperança imaginal.

Precisemos aqui, marquemos já: é da luz a substância aérea do brincar. Isso é um primeiro chão, um lugar em que pousamos para examinar. Mas que agora devemos seguir encontrando essa luz por todo o sonho do menino. Essa luz que o vincula, como nos diria Giordano Bruno (em seu tratado sobre o vínculo), ao corpo do passarinho. Pois é uma das propriedades do vínculo penetrar pelos sentidos até de todo o outro se apossar. E os sentidos do menino, no passarinho, comovem-se e se deixam dominar. O ouvido logo é seduzido pela larga espacialidade, ecoada, do fino canto. A visão maravilhada pela flutuação de cores. O tato delicado, que permite a captura num só apalpo, leve e firme, fixa as asas, as piruetas do voo. Não são todos os meninos que têm tato para tirar o bichinho da armadilha. Nem todos conseguem trazer à mão as plumas dessas criaturas, esses auspícios de alturas!

Do latim, essa língua de chaves, nos chega a expressão *avis spicium*. Uma expressão ligada ao comportamento das aves. Uma das raízes da palavra "auspício" vem daí. Observando as aves e seu modo de anunciar acontecimentos. Menino de passarinhagens quer *auspicium* da luz, premonição das planuras, venturas do céu, agouros e açoites do mistério, serviço de natureza oracular. Um além das imagens imaginadas, um dinamismo tal que o pensamento se volatiliza, perde total fixidez pictórica, extingue-se na luz, aparta-se de qualquer limite.

Sim, pois, das substâncias materiais que alimentam a imaginação, o voo é a mais tentadora narrativa da liberdade. A imaginação do menino quando persegue o voo, quando caça suas asas, talvez seja quase ausente, rarefeita de imagens concretas. É um exercício de expansão, de extinção de imagens no campo da luz. Escoa para o infinito o brincar das asas. E é mesmo um brincar, pois poucos meninos são colecionadores de gaiolas. Os mais velhos, sim, os adultos se fixam na fixidez do passarinho. Os menores amam mais as caçadas e capturas. Gostam muito de se armar de visgos. Mas logo se livram, trocam, soltam e reparam com atenção naquele dia em que dão liberdade novamente ao voar.

O dia em que o menino solta o passarinho preso! Que maravilhoso dia de livramento! Na alma do menino esse é um dia inscrito. Por decisão própria solta o passarinho que ele próprio capturou. Cada gesto do bichinho nas vésperas da alforria, cada pressão de suas unhas fininhas nos dedos do menino, cada explosão de asas, tudo arquiteta filosofemas de uma liberdade ansiosa por estar mais alta, mais longínqua que a vida no chão, mais deslocada, ao cimo do lento rastejo do mundo, voando, no ar. A santa pobreza, o altivo valor do liberto. O amor mais simples do cativo pela possibilidade de alçar-se do chão.

O menino e o passarinho têm uma inocência de filiação. Não é uma pureza de filiação. Pois o menino mata passarinho, derruba de uma pedrada veloz o miúdo de asas lá do alto da árvore. Depena, tira as entranhas e frita. Come com farinha. Acha saboroso. Pensa em novamente caçar. Mas a inocência que aqui sustento é da ordem dos cumes. Das coisas aéreas, de uma forma de sublimação (abertura ascensional) que está na imaginação do menino, na imaginação que traz em si linguagens, substâncias do ar.

Não é somente o voo real, externo, das asas e penas que inspira a busca do menino. Mas é a substância guardada, dentro, no centro das imagens. A (en)formação imaginária é quem acorda meninos para as amplitudes.

O mais próximo arauto das alturas na vida do menino de natureza é o passarinho. Assim a imaginação faz do bichinho a matéria de se ampliar.

É uma espécie de propósito, de vínculo que a imaginação vê no modo de ser do passarinho. Este servirá de suporte, de vetor, para a alma do menino mais valores de alturas poder contatar. Valores etéreos de imagens. De poucas imagens, pois o dinamismo do voo extingue as imagens. Ver do alto é ver o longe, é uma experiência de amplidão. Não é à toa que, dizem muitos meninos, comer o coração do beija-flor melhora a pontaria. Comer a energia vital do bichinho rápido em precisão é se apossar de sua visão do alto, de sua visão que quase não vê a imagem da flor, mas a luz que dela desprega, a cor da flor.

O menino que aprisiona o passarinho talvez seja mais asceta para com as imagens do mundo. Menino de vigoroso dinamismo de imagens, do tipo que não adere à sala de aula, pouco tolera paredes e carteiras, mesmo estando elas em círculo. Muitas crianças não toleram as paredes simbólicas do educar, muitas crianças agouram a vida escolar. Mas, em algumas dessas, as mais especialistas, a imaginação incide como flecha para o vigor da luz. Exige, empurra, joga a criança a se alargar. Caçar passarinho é uma urgência de abertura. Passarinho vivo ou morto é estudo de expansão, é horizonte investigado, é experiência de visão oblíqua.

Aqui não fazemos apologia da morte desses miudinhos de asas. Abominamos a perseguição irrequieta de meninos que não deixam passarinhos em paz. Passarinhos devem viver em paz. Nossa opção é por esse sanitarismo – como diria Nietzsche – budista: "Que todos os seres sejam livres e se libertem, que todos os seres sejam felizes!" Mas não podemos aderir à simples condenação sem deixar de ver o que há. De perceber o que instrui a imaginação dos meninos na caça, ou dos meninos no voo. Pois não encontramos meninas passarinheiras.

Temos visto que voo é um campo vasto de brinquedos e brincadeiras. Mas passarinho e menino têm um teor de gravidade e urgência imaginal. Urgência da mais perspicaz necessidade de atar, apanhar, dominar o voo.

Assim, perguntemos: essa perspicácia devolverá ao menino, quando vitorioso em seu intento, quais imagens? Qual senso de vitória? Um justo senso? Uma equânime experiência do ar? Haverá um alargamento pela instrução do passarinho ao alcance do menino? Ou uma fratura das compreensões e valores do livre voar? Haverá a nascença da esperança para um sentimento preso, trancafiado, enrijecido, pousado, visgado (do visgo das seivas) rente ao chão?

Apenas de uma percepção de tais interrogações costumamos nos servir: quantas e quantas perguntas sobre a alma das crianças podemos fazer! Quantas coisas maravilhosas se soubéssemos acompanhar, sem julgar, poderíamos perceber no que mais interessa ao espírito de cada criança! Quão importante será encontrar, não nas respostas, mas nas perguntas (se as deixarmos nascer), o respeito à individualidade de cada criança!

Mas, um pouco mais, sigamos atando ainda mais os laços dos verbos. Isso para que não nos escape a alma. Sigamos em caça – na criança – da chama poética, para que não se dissipe nas vagas. Que ela seja instrutiva ao nosso pensar, rasante vital de nossa reflexão. Para que seja conselho de si próprio. Devemos deflagrá-la e reconhecê-la móvel, alada. Energia semiótica capaz de sonar nos ocos das correntes de ar.

Precisamente, especificamente, quero dizer: o menino dos passarinhos é um menino especialista. Há muitos meninos e meninas (vocês as têm visto?) especialistas em tantas matérias e substâncias do brincar. Mas o menino de passarinhos tem a especialidade das asas. E a especialidade das asas revela interesse em expansão. Por qual mais vivo caminho o menino poderia conversar com as distâncias, com a solidão, com o assanho invisível e silenciador vindo do ar? O pequeno caçador de passarinhos sabe do silêncio. É um ouvidor de cantos nas copas. O silêncio imposto à caça é um silêncio que impõe a paisagem, é uma audível presença do que compõe a floresta, o lugar. O que compõe aquele sistema de vidas, mas também o que compõe as imagens rejuntadas por todas as histórias dali, da geografia do lugar. Sejam histórias rasas, pueris ou fundas, fantásticas.

O silêncio imposto à caça do voo não é o mesmo silêncio do caçador de preás. O perseguidor dos preás está concentrado na substância do chão, o dos passarinhos quer a substância do ar. Pode até ser a mesma criança. Mas, se hoje é passarinho, hoje a imaginação quer o ar.

Em cada lugar das substâncias materiais há um lugar das substâncias imaginadas. Há um desejo de se infiltrar na intimidade transcendente daquela substancialidade. Pois imaginação é coisa do vir a ser, é esperança em quase tudo, inclusive na finitude das substâncias materiais.

Desse modo podemos dizer que o silêncio de capturas do ar é ânsia de a si próprio alçar. Ali, naquele silêncio que aguarda o pouso, há o aguardo de uma substância. A ventura do pouso anuncia o cimo. Sabemos, pelo sertão, pelas montanhas, pelas beiras de mangue e mar, histórias de passarinhos e agouros.

Anúncios de passarinhos podem muito bem ser temores, cantigas de passarinhos podem revelar tempos propícios. Ouvimos em campo algumas dessas histórias de ornitólogos meninos. Vejamos quantos e tantos jeitos de fazer desses bichinhos o anúncio do mistério.

Encontramos alguns amigos: Dudu, Hernani, Davi, Jardel, Samuel, Anderson e alguns outros, de montanhas onde vivem passarinhos, são desses meninos que observam voos. Por vezes, fizemos rodas só de coisas das asas. Fizemos vendaval, inhanso (como diria

Guimarães Rosa) de nomes de passarinhos. Outro dia, com o propósito de vos escrever, fiz mais uma dessas rodas com eles. Tempestade, açoite de assobios despencou naquele dia. Cada passarinho é um tom, cada menino é mais afim ao bico de um bichinho. Junto com o canto, os meninos assobiam e depois explicam, vem um anúncio. O bem-te-vi é anunciando o bem em te ver. O vem-vem intui a chegada de algo ou alguém que vem chegando. Os enamorados quando ouvem o vem-vem logo se alegram, seu amor poderá chegar. Pode ser notícia boa ou ruim. A corujinha caburé, chamada também de rasga-mortalha, se cantar num voo por sobre a casa, algum parente morrerá. Quantas noites assustadoras, sem dormir, nós, meninos de determinadas regiões do Brasil, vivíamos quando uma dessas corujas cantava num sobrevoo de morte sobre nossas casas!

Mas não é só do canto que vem o anúncio. Do gesto também. Ah, que delicadeza é observar gesto de passarinho! O ninho do beija-flor feito na entrada da casa ou na janela do quarto é profecia de realização. Se algum menino matar o passarinho lavadeira, que fica nas beiras dos açudes e córregos, será castigado, pois a lavadeira que, um dia, lavou as roupas do menino Jesus ganhou, por milagre, a prenda de não morrer e virar passarinho. A rolinha que visita uma casa é sinal de esperança. A tristeza de muitos lamentos de passarinhos, especialmente os das noites dos sertões, assusta com o desconhecimento daquela anunciação. E por aí vai. Uma etnografia de crianças e passarinhos é de muitos ramos. Não nos percamos neles agora.

É certo que muitas dessas histórias de agouros e anúncios não nasceram da infância. Mas é certo também que as crianças do voo adotam-nas com convicção. Muitos até duvidam, mas precisará de muita ousadia para um desses caçadores de asas acertar um tiro de estilingue numa lavadeirinha de beira de córrego.

Mas voltemos à chama poética. Naquele dia, na roda de assobios, brinquedos das asas, em poucos minutos, encarrilhados num só voo, choveu nome de passarinho: andorinha, beija-flor, bem-te-vi, sabiá, rolinha, vem-vem, lavadeira, papa-arroz, bigodeiro, bicudo, jacu, galo-campina, joão-de-barro, periquito papacu, golinha, anum, graúna, galo-flecha, gatinha, sibite, sanhasu, coruja, bacurau, papa-capim, gavião, carcará, pombo, pombinha do mangue, azulão, corrupião, corrupião-preto, alma-de-gato, avoante...

Todos esses nomes têm um lugar no menino, ou meninos têm lugar em alguns nomes de passarinhos. Vivem como reservas de ampliação, de descolamento da gravidade social.

Contudo, já aqui, cheguemos a uma derradeira proposição. Pois não teremos, neste texto, mais tanto tempo de voo. Sim, pois ainda estamos nos voos ao alcance das vistas do menino. Nos voos de copas. Sabemos que voos de instâncias mais ousadas acompanham o brincar. Talvez não tão urgentes e agudos como a caça das asas. Mas certamente voos mais altos, dialogando com mais profícua imensidão, podem ser encontrados nas pipas. Mas pipa é outra coisa. Hoje, somos ornitólogos do brincar. Queremos, com mais calma, vos convidar para entrarmos num borboletário do brincar, e mais adiante vestir-nos de entomologistas (dos insetos de asas) ou botânicos (das flores que são hélices) do brincar.

Mas, para passarinhos e meninos, devemos dar ventura ao nosso olhar. Aqui há a formulação clara de um drama: a caça. O hábito, o paletó escolar, imposto ao gênio de algumas crianças, é quase sempre um claustro, um arrocho paralítico. A escola, com suas imagens prontas, habituais, não percebe que está estraçalhando em pleno voo a força imaginante das crianças.

Esfolar a cabeça do passarinho com um tiro certeiro de baladeira, ver sua queda, esperar o impacto de seu corpinho minúsculo no chão é marca da verticalidade do voo? Quão aguda é essa imagem para a pedagogia que só quer o brincar sem a dor! Quão contundente o desejo desse menino que brinca e se diverte com a queda!

A queda também é lição de voo. Denota uma ausência. Aterra, agrava e fere o voo. Muitas vezes a caça, a agressão ao passarinho, sua queda de morte, tem uma força dinâmica mais real que as imagens do voo idílico e contemplativo da pipa sem o cerol. Passarinho ferido será obra de menino represado de imagens? Será manifesto agourento denunciando a inerte vida social, escolar? A casa, a família, o pai, a escola, o lugar, muitas vezes não alcançam a interioridade ascensional de uma criança. Julgam, duvidam, ironizam. Mas o poder de seta de sua imaginação não se acanha com a gaiola do círculo social, com a arapuca que é seu professor: quer o voo sem precedentes, o voo vertiginoso.

Certamente, tudo isso dito tem possibilidades de incontáveis entendimentos. Tantos modos de se examinar. O próprio estudo do ar nas brincadeiras é de muitos caminhos. Até agora, quisemos vos convidar para vermos as coisas das copas. Mas muito ainda precisamos ver.

O brinquedo do pobre

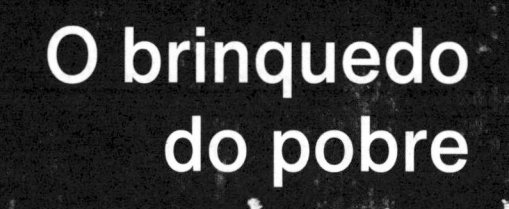

Charles Baudelaire, no seu livro O *spleen de Paris: pequenos poemas em prosa*, constrói este texto maravilhoso:

"Quero representar uma diversão inocente. Há poucos divertimentos que não sejam culpáveis!

Quando você sair, de manhã, com a firme intenção de flanar pelas grandes estradas, encha seus bolsos de bugigangas de um vintém, tais como o tosco palhaço movido por um só fio, os ferreiros que martelam a bigorna, o cavaleiro e seu cavalo cujo rabo é um apito, e, ao longo das bodegas, ao pé das árvores, dê-as de presente às crianças desconhecidas e pobres que encontrar. Você verá seus olhos se abrirem desmesuradamente. A princípio, nem se atreverão a pegar o presente, duvidando da sua felicidade. Depois, suas mãos o agarrarão vivamente, e, correndo, elas irão embora como fazem os gatos que, tendo aprendido a desconfiar do homem, vão comer longe de você o pedaço que lhes der.

Numa estrada, atrás da cerca de um vasto jardim, no fundo do qual se avistava o alvor de um belo palacete ensolarado, estava um menino lindo, que emanava frescor, usando aquelas roupas de veraneio tão cheias de garridice. O luxo, a indolência e o espetáculo habitual da riqueza tornam esses meninos tão lindos que eles nem parecem feitos da mesma massa que as crianças da mediana ou da pobreza.

Ao lado dele, jazia na grama um boneco esplêndido, tão fresco quanto seu dono, brilhante, dourado, vestido de um traje purpúreo e recoberto de plumas e miçangas. Mas o menino não se preocupava com seu brinquedo preferido, e eis o que ele mirava: do lado oposto da cerca, na estrada, entre os cardos e as urtigas, havia outro menino, sujo, mofino, fuliginoso, um daqueles párias mirins cuja beleza seria descoberta por um olho imparcial, se – como o olho do conhecedor adivinha um quadro ideal sob o verniz de pinta-monos – ele o limpasse da repugnante pátina da miséria.

Através dessas grades simbólicas separando dois mundos, a grande estrada e o palacete, o menino pobre mostrava ao rico seu próprio brinquedo, que o outro examinava avidamente, como uma coisa rara e desconhecida. Pois esse brinquedo com que o menino sujo bulia, sacudindo-o numa gaiola, era uma ratazana viva! Os pais – sem dúvida, para economizar – haviam tirado o brinquedo da vida mesma.

E os dois meninos riam-se um para o outro fraternamente, com os dentes de *igual* brancura.

No Brasil:

– Mais um homem negro, José Alberto Silveira Freitas, foi espancado até a morte.

– A cada 20 minutos uma menina é estuprada.

– Em seis meses, no ano de 2022, o número de moradores de rua em São Paulo cresceu 65%.

– Antes de completar 15 anos, uma criança preta tem três vezes mais chances de ser morta que uma criança branca.

– Crianças pretas recebem menos cuidados básicos e atenção do que crianças brancas nas creches públicas.

A criança e a ordem esferoidal

Existem muitos modos de imaginar. Imagina-se musicalmente, imagina-se fantasiosamente (falseando), imagina-se apenas articulando os símbolos no estreitíssimo social, político e cultural. Existem também modos de imaginar nada estreitos, mais abertos, muito mais poderosos, modos que nos vinculam ao metacultural, ao trans-histórico, ao divinal (*imaginatio vera*).

Imaginar não é só ver imagens. É possível existencializar o íntimo sem visualidade. Por exemplo, uma imaginação tátil. E, de modo mais abstrativo, também podemos imaginar geometricamente.

A imaginação geométrica é mais conhecida pela vertente das ideias claras, cartesianas, separatistas, idolátricas. Mas também ela guarda uma sensibilidade para além da logicidade mental. Alguns gênios matemáticos, especialmente os que cultivavam seu mundo anímico, já disseram que os números tinham uma espécie de personalidade, uma existencialidade, uma dialogicidade, um caráter de ser. A *vera* imaginação geométrica alcança os mundos fractais, ou a conectividade entre tudo.

Em um modo geométrico de imagística, os ciclos, os ritmos, os inícios e fins podem se apresentar como esferas. A Terra girando em torno, torneando, o Sol. A Lua torneando a Terra. Essas imagens nos expandem à contemplação de uma das grandes funções da vida, o movimento esférico que mantém as estações, as frutificações e hibernação, os polos e glaciares, as marés. E, não menos importante, os fluxos de nossas imagens internas, se intencionados nesses movimentos, também adquirem sua expressão, seu modo de se dar.

No entanto, se abstrairmos ainda mais as imagens para a pureza geométrica, podemos deixar de ver as estações do ano, as marés, as frutificações, e ver apenas as esferas. Esferas imensas girando no sistema solar. Criando, inclusive, atritos com seus giros.

Por exemplo, há um sítio geológico na Paraíba, em Cabaceiras, chamado Lajedo do Pai Mateus. Lá existe um platô com enormes pedras esferoidais, grandes bolas de rocha e minério de ferro, pousadas espaçadamente sobre um plano elevado, uma grande laje a céu aberto de granito bruto. Parecem ter sido assentadas para um jogo de deuses ainda meninos num tempo muito arcaico.

Uma das teorias para a forma esferoidal daquelas gigantescas rochas é de que o próprio movimento da Terra as burilou. Como seixos que rolam no riacho uns por sobre os outros, e vão sendo polidos. Só que o atrito, nesse caso, foram as intempéries, chuvas, as eras, o ar, o calor etc.

A esfera da Terra se movendo e moldando em si outras esferas. As formas biológicas, na sua matriz, não seriam todas esféricas? Mesmo que isso mude no resultado final, mas o início do movimento germinativo, de líquidos e seivas é quase sempre esférico.

A água é de natureza esférica em suas correntes oceânicas e marés, sempre desenha formas arredondadas. As tempestades também. Os bebês se formando também. Os frutos, a mesma coisa. O fogo espirala e rodopia suas labaredas e fumaça. Novamente: em rarefação geométrica, em abstração de formas, somos esféricos.

Portanto, acrescentemos agora mais um elemento à ideia do redondo: ele, quando em dinâmica, é rítmico. Podemos dizer que a natureza do ritmo é esférica, circular.

Só somos se pulsamos. Por isso nossa cardioafetividade, circulatória, só se sente retroalimentada se pode expandir e contrair em exteriorização e introspecção.

Assim o ano se finda para renascer. Assim as crianças se apartam a cada dia de um tempo de crescimento para entrar em outro, assim as brincadeiras são sazonais, assim as festas cíclicas necessitam se repetir, voltar a um ponto inicial para recomeçar.

O recomeço parece repetitório, mas nunca estamos no mesmo lugar de consciência, quando ele se reinicia. Uma festa anual da comunidade sempre é a mesma, mas nunca se repete, pois estamos num outro patamar de maturação para revivê-la.

Eis a ciência do ritmo! Eis a eternidade do círculo, onde o começo encontra o fim, e o fim encontra o começo. Esse é o motor das festas de renovação. Um saber de iniciação. Uma contenção e esteio para as crianças. Uma pedagogia de tônicos, de tônus, de elos entre as transformações, de ligamentos interiores. Um lento alargador da percepção dos significados.

A Terra, na verdade, não torneia o Sol, mas é torneada por ele. Nunca é a mesma quando reencontra – desde muitas eras – suas faces com as faces do Sol. O Sol faz plástica na Terra. E a Terra vai girando e modelando – pelo imo, pelo mais interno – seus filhos, que também nunca são os mesmos, porque transformados pela luz.

O bebê, até os três meses de idade, ainda tem na mãe parte da regulação de seu ritmo. Depois, volta-se totalmente para a luz solar e se regula por ela (ritmo circadiano). Esse é um primeiro gesto de ruptura e autonomia. Infância é flor de girassol (flor de nome esférico), se gesticula para a luz, busca na luz sua rítmica própria, sua própria relação, sua afirmação.

Ritmo na infância é metáfora esferoidal. Burila, desincrusta, cria resistência e força, adverte, desenha identidade e capacidade emancipatória, traz autonomia e senso vívido de interdependência.

Viver os ciclos é viver de modo maior, grande, extemporâneo, como gostam as crianças. Assim também, saibamos vivê-los de modo miúdo, pequeno, imantado nas coisas, que dura e se arrasta, como também gostam as crianças. Porém, que seja da ordem das grandezas da natureza. Mais ainda da ordem oculta da vida, e não propriamente do furdunço inquieto dos homens.

Pois tal furdunço tem posto as crianças a dormir tarde (comprometimento da saúde neurológica, endócrina, imunológica). Esse burburinho incessante tem abandonado as crianças diante da profusão das imagens midiáticas, principalmente antes de dormir, tolhendo a expressão dos sonhos noturnos, atrapalhando a liberação de melatonina e dimetiltriptamina (a molécula do espírito). Em outras palavras, bloqueando a imaginação interior, as imagens restauradoras de sua alma. Assim a plástica onírica, o halo estético de sua interioridade, não vem brincar na superfície, não vem ensinar seus mistérios, não vem apurar cognição profunda, não vem dar conselhos da intuição. Uma pedagogia do rito pode nos trazer ciência. Um confidente auscultar do ritmo nos abre portas para compreender a extensão simbólica, o significante mítico, na vida das crianças.

De die natali: a criança e o anjo que guarda

Censurinos, por volta de 238 d.C., em seu discurso intitulado *De die natali*, desde a antiguidade europeia (ainda romanizada), nos dirá sobre o Gênio ou sobre o Anjo. Mas a expressão anjo só será assimilada posteriormente, pelos neoplatônicos cristãos, pelo pensamento escolástico, ou mesmo através de poetas e filósofos do coração no médio Oriente, como Rumi, os dervixes girantes e os místicos do *alam al-mithal*, ou o mundo do meio.

Sobre o Gênio, ou Anjo, nos diz o romano Censurinos:

> Gênio é o deus sob cuja proteção [tutela] cada um vive desde que nasce. Seu nome, "gênio", provém certamente de *geno* [gerar], seja porque ele vela para que sejamos gerados, seja porque ele mesmo é gerado conosco, seja, ainda, porque ele se apodera [*suscipi*] de nós enquanto seres gerados e nos protege. Que o gênio e os lares são idênticos é algo que nos foi transmitido por muitos autores antigos. [...] Essa divindade, acreditava-se, tem sobre nós o máximo poder, até mesmo todo o poder [...] o gênio nos foi atribuído [*adpositus*] como assíduo protetor [*adsiduus observator*], de modo que não se afaste de

nós um único instante [*longius abscedati*], mas nos acompanhe [*comitetur*] desde nossa saída do ventre até o último dia de nossa vida.

O gesto ensinado às crianças, de unir as mãos em oração, acompanhado de outro mais antigo gesto, o de mover o pensamento a uma instância superior, mais alta e destilante, de dirigir o pensamento ao imaginar, para criar condições de dialogar (estar com), o Anjo, o Gênio, não é só um gesto cristão ou crente daqueles que creem em seres angélicos.

Para a Antiguidade, esses dois gestos são de natureza filosófica, preceitos de mobilização da imaginação ativa, ou *imaginatio vera*.

Elevar-se em estado de visualização interior, tecendo imagem, compondo um ser divinal a partir de seus próprios recursos, para, em reverência, estar diante dele e estabelecer diálogo, era considerado importantíssimo trabalho filosófico. Filosofia nos termos da Antiguidade.

Ativar o talento de criar imagens internas não é criar mundos ilusórios ou dogmas religiosos. Ao contrário, é reunir recursos anímicos, vitalidade própria, concentração dinâmica para contatar as fontes criadoras. Operar com imagens esculpidas a partir de seu interior é estabelecer direta relação com o Gênio. Essa operação necessita ser em campo fértil, urdidura de imagens desde os territórios do sublime. Não é qualquer imagem tramada em nosso interior que nos contata o Anjo, o Gênio. São as imagens que exigem da alma capacidades estéticas de elevação, de sublimação (abertura), de propósitos coletivos, humanitários, transpessoais, vinculados ao servir.

Quando imaginamos imagens para nossos desejos pessoais, há, sem dúvida, um grau criador, mas ela pouco dura, não tem algodão de capucho nobre o suficiente para preparar fios duradouros no tear da criação. E, se insistimos nessas imagens de desejos próprios (autocomiserantes), é possível, sim, criar uma plástica atuante, influente, na realidade, mas essas imagens tendem seriamente a nos capturar, a nos obsedar, a ser nossas prisões.

O Anjo mora num lugar do Si que é benéfico para todas as criaturas. O Gênio acampa e cria fortaleza, naquilo que se trabalha com sinceridade, em vias de aperfeiçoamento, acerca do serviço, do abandono de si próprio, da entrega, da renúncia. Quando saímos do serviço e entramos na compulsão pessoal, nas teimas, nas tramas de vaidade, poder e cobiça, saímos da fortaleza luminosa do Anjo. Abandonamos a intuição gênica.

Por isso, o gesto de unir as mãos desde cedo, e despertar criação na criança, levando-a gradualmente a obter capacidade de compor, em luz imaginal, o Anjo de sua guarda, é um ato filosófico. Um ato de amor ao estado criador, o exercício imunizante de se guardar do cerceamento social, político e cultural e banhar-se nas fontes restaurativas, e infinitamente debulhar criação. Imaginar desde o propósito de benefício a todos os seres é irmanar-se ao Anjo, à guarda criadora, ao batalhão dos genitores da vida. Aí, sim, o cultural, o político e o social poderão começar a fazer algum sentido.

Compor seu próprio Anjo em imagens interiores não é inventar ou fantasiar um anjo qualquer, mas é ativar a única e verdadeira faculdade de falar com os anjos, para que eles se mostrem como são enquanto a criança os compõe. A verdadeira faculdade angelical é o sublimático trabalho de encontrar o gênico das imagens.

A criança, ela própria, por si, já revela o Anjo. O Anjo na criança vem, muitas vezes, à frente de sua individualidade e, quase sempre, nos fala. Criança é epifania angélica. Ela nos declara que o Anjo é o que somos de mais decantado, de mais universal, de mais "descomparadamente" (anjo Manoel de Barros) divinos.

A angelologia das infâncias é espiral de seres alados que, por ora, muito brincam. Brincam profilaticamente, preventivamente, ensinando-nos os dons do imaginar, para, inevitavelmente depois, inspirar a árdua batalha de nos defendermos de nós próprios e não atrapalharmos, em nós, o trabalho arcano do Anjo.

E, exorcizando a autocomiseração, para aquelas crianças que não podem unir as mãos e ativamente imaginar, não duvidem, a natureza é seu *Anjo Geno*. Cada passarinho, cada folha do chão, cada vento, cada angélica frequência musical, é o Gênio ali, tocando-lhes, atuando, em vigília, sussurrando o infindo murmúrio da fonte das fontes, cujos guardiões são as legiões do primeiro bem.

Aproximemos as crianças do Anjo, do dia dos pés descalços da cristandade, ou do culto ainda mais antigo do mundo pagão (solstício de inverno): *de die de natali*.

A natividade não é encardimento festivo com presentes da animalesca *black friday* e perus gordos degolados, estendidos na mesa displicente de nossos hedonismos. A natividade é pobre, sem casa, dormindo junto aos lírios, reclinando a cabeça na relva, filha do luar e oriunda da estrela-d'alva.

Não entupamos nossas crianças, logo no dia de celebrar natividade, do lixo tóxico da indústria de brinquedos. Os peixes regurgitam nos oceanos de tanto plástico ingerido. Os golfinhos assustam-se com massas, ilhas venenosas de lixo flutuando em sua morada, outrora santa. Nossas crianças acumulam metal pesado no sangue devido à química plástica e às tintas dos vendedores de ilusão.

A natividade é benefício para todos os seres. É o dia humilde que de nada se assenhora, que nada intenta dominar, nada impõe, nada cobiça, mas apenas é e presenta-se.

O lugar da criança

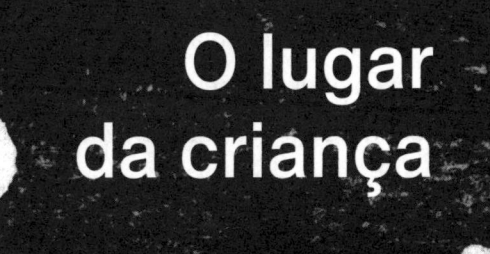

No filme/documentário *Meninos e reis*, da escritora e diretora Gabriela Romeu, os preparativos para a Festa de Reis têm um forte teor de despedida na vida de sua principal personagem. O sentimento mais profundo, não nomeado e inconsciente é o da infância. A rainha do reisado deve entregar sua coroa. Já não mais menina e ainda não mulher, entrará no limbo da puberdade. É hora de deixar seu reinado. O desterro do paraíso. O fim da infância.

Enquanto se prepara, ela escolhe as cores do seu vestido, se despede de pouquinho durante os ensaios, denota sua saudade dos dias de criança. Ao mesmo tempo, percebe a importância de saudar a nova rainha. A menininha, sua irmã, ocupará o lugar mais nobre, receberá a coroa. Novamente será inaugurado o lugar da criança.

Eis a peculiar percepção de Gabriela Romeu com seu *Meninos e reis*: o lugar da criança na comunidade. Emerge aqui uma rara intuição da cultura. É pouco comum um dado simbólico dessa natureza. Qual o lugar da criança no consciente cultural? Onde as manifestações populares reconhecem a criança em seu devir? O que a cultura assegura sobre a alma dos meninos e meninas? Pouco sabemos disso.

A criança sempre teve seu lugar nos festejos populares. Nada especial encontrar em diversas manifestações e folguedos as crianças ocupando um lugar simbólico. Representando uma altivez, uma divindade, um anúncio de novo tempo, personificando uma situação catártica. Criança, na poesia popular, na mitologia e nas lendas, manifesta a energia criadora, a dádiva, o porvir, a renovação.

Os documentos acerca do Menino Deus nos presépios populares, os estudos sobre as festas de São João Menino e Divino Espírito Santo, os registros do Nego Fugido na Bahia e dos Papangus do Ceará, as pesquisas acerca dos folguedos infantis do Cariri e os Fofões do Maranhão denotam (mesmo que de maneira inconsciente) uma riqueza de emergências simbólicas da criança como vate, como canal de verticalidade.

Isso nada de novo sugere, para além da novíssima e sempre renovada presença da Criança Divina se manifestando na imaginação criadora dos poetas e artistas populares. Isso já foi e ainda continua sendo silenciosamente estudado por espeleólogos da imaginação, peregrinos de longas noites, com seus fachos, pelos grotões onde vicejam arcaísmos.

Mas há poucas evidências do lugar assegurado, pela cultura, para a criança real e humana. Mesmo os ritos de passagem nas comunidades tradicionais, especialmente nas populações indígenas, nos falam mais de uma tomada de consciência. Falam da saída do mágico para a vida adulta, de uma erotização do existir, de uma entrada no universo da caça, de uma maior participação no contexto do grupo, de uma imersão no feminino.

Aqui, em *Meninos e reis*, ao contrário dessa via de "entrada na vida" adulta, o filme nos aponta a permanência no estado criança. A coroa deve voltar à menor criança, o mágico estado deve permanecer, o fantástico deve ser assegurado. A coroa aparece como o *topos*, o lugar, a instância da pura imaginação, o acolhimento à alma da criança. Esse raríssimo filme, delicado, bem cuidado em fotografia e narrativa, mantendo um caráter documental e etnográfico, sem maiores pretensões, acorda, para os estudos sobre a criança, um dado profundo. Minimiza uma dívida, tira dos porões do inconsciente cultural e traz para a consciência, para o nomear, aquilo que nunca entendemos com clareza: como acolher a criança em seu reino de sonhos e, ao mesmo tempo – pelo sonho estético –, ajudá-la a ser.

Muitos elementos de grande riqueza simbólica estão no filme. Tantos que aqui, neste pequenino texto, não poderíamos abraçar e narrar. Mas o centro, o cerne, o alvo, o mitologema de *Meninos e reis* é a acolhida da criança no mundo. Acolhida, pela via cosmogônica (inauguração de mundos), do festejo ritual, do mundo simbólico, da poesia e da música. Acolhida que se perpetua, até a pequena rainha, depois de algumas boas temporadas de folguedo, ter de passar, a uma menor, sua coroa e se despedir de seu reino de encantamento. Justamente para assegurar a continuidade do mesmo. Assegurar, honrar o lugar da criança no mundo.

O corpo, o risco e o brincar

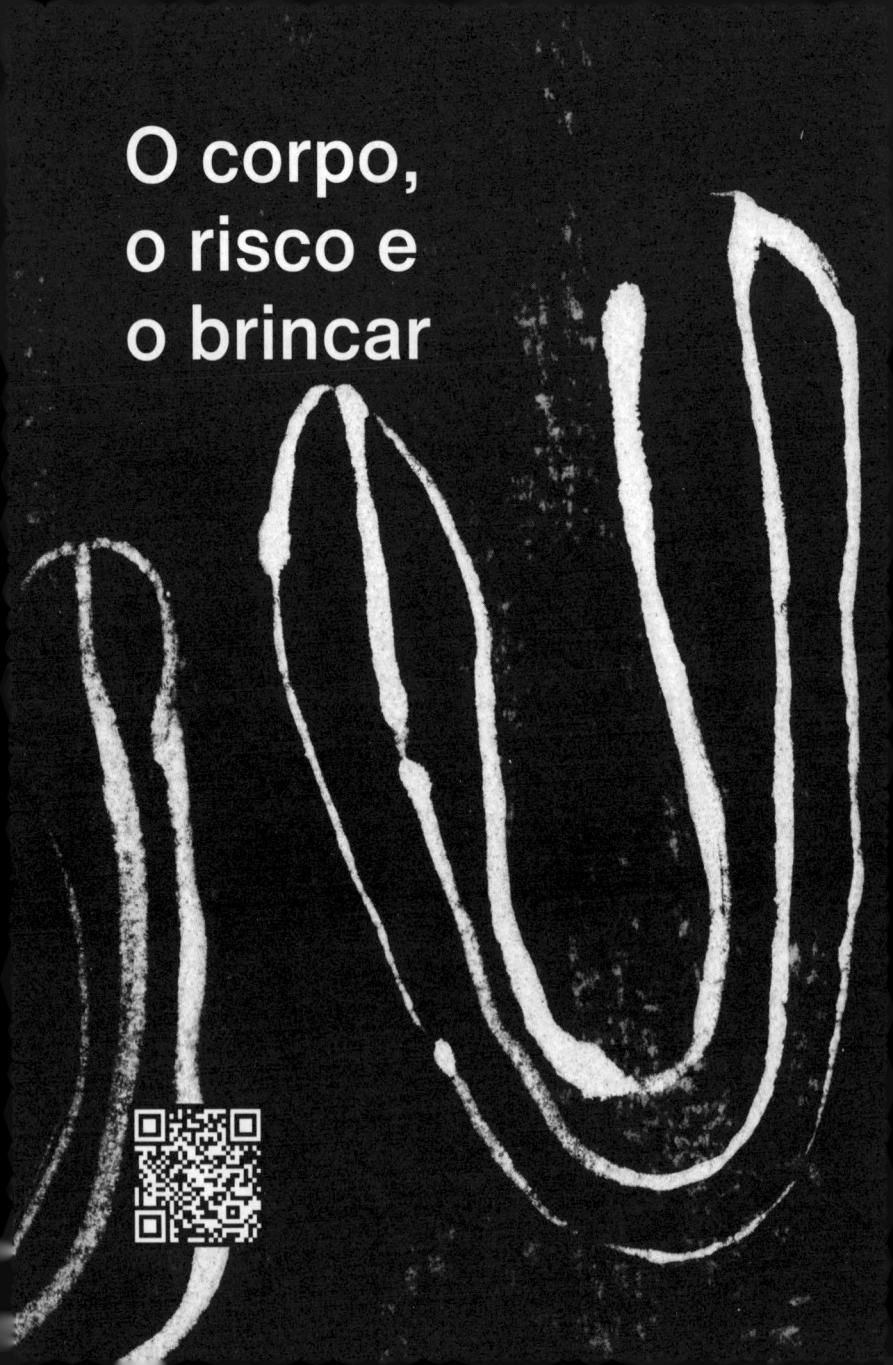

A soma das coisas que nos marcam e impactam seria a tessitura de uma ideia de "eu"? Ou o "eu" seria o núcleo, o vórtice, o impulsionador da luta contínua do organismo com o meio? Ou ainda: "eu" é uma coisa vinda de um lugar pretérito e está bem guardado, intacto, em alguma concavidade musculoesquelética de nosso corpo, irradiando significantes para nossos neurônios? Mais amplo: "eu" é um estado uno de toda a vida do qual se descolam, particularizam-se, temporariamente, fragmentos individuais, "eus" menores, desse "eu" maior? Ou seja, não temos um "eu" próprio?

Saberemos um dia? Talvez até já saibamos sem nos dar conta. Mas o que sempre contou e agora conta, o que temos, para todas as nossas tarefas relacionais, certamente está assentado em nossos corpos. Assentado como queiramos, vindo de fora ou formulado como broto nascido do próprio corpo. Importa, no entanto, que é algo semiotizado e simbiotizado ao corpo. Um simbiótico em contínua exalação semiótica.

Para que haja ampla exalação de significados e sentidos é preciso que essa instância, quase sempre tida como metafísica (eu), esteja, pelo menos, em algum aspecto, bem assentada no corpo.

Nossos primeiros gestos e posturas, os estados corporais que um bebê alcança, a capacidade de aprender, por si, a engatinhar, sentar, ficar de pé, andar, marcadores, marcos de construção de significados, assentamentos do "eu".

O "eu", essa palavra estabilizadora, assenta-se como senso de desassombro e se faz órgão nutricional da criança, à medida que seu corpo tem a oportunidade de experimentar as mais notáveis qualidades perceptivas. Percepções sensórias, musculoesqueléticas, neurolinguísticas, amorosas.

O prisma gestual do zero aos nove anos de idade é quase infinito de nuances, e, entre elas, existem aquelas que são firmamentos indispensáveis para o desenvolvimento da propriocepção. Esses núcleos de gestos são "marcadores somáticos" (António Damásio). São regências corporais que, em nós, moram em potência e necessitam ser descobertas, ativadas, evocadas, sonhadas, brincadas, balbuciadas e faladas.

Normalmente tais gestos fundantes da criança acontecem em interação com o gestual do cuidador. Desenvolvem-se num enlace com categorias valorativas que organizam nosso caráter, abrem para nós o espaço e permitem a insinuação das qualidades do tempo.

O carinho tátil, o abraço, a linguagem amorosa, o deixar ir, deixar cair, amparar a dor, confirmar com o olhar, afirmar o silêncio, permitir a descoberta e o inusitado, confiar ao corpo o aprender autônomo, não cercear, tais propósitos são quase adjetivos gastos, ou sugestões pueris. Mas, se observarmos com atenção, há um território gestual capaz de amalgamar o corpo ao eu no ato de conter, acarinhar, abraçar, falar com amor, soltar, permitir a queda, acolher o choro, comunicar com os olhos, silenciar em prol do outro, dar espaço à surpresa, ver o corpo como uma inteligência que até aqui trouxe a humanidade.

São marcos que, talvez pelo excesso ou pela falta, nossa civilização esteja abandonando. A redoma (e os interesses) em torno do termo "infância" tem nos fragilizado. O risco já não é mais uma tecnologia social para o encaixe do corpo no eu, ou do eu no corpo.

Poucas são as culturas da atualidade que consideram o risco como firmamento do "eu". Raros são os parques, pátios e praças do mundo que contemplam, nos desenhos de seus brinquedos e em suas arquiteturas exploratórias, o risco como fator essencial para o melhor e mais econômico uso da tecnologia corporal. Econômico aqui como termo da biomimética, como conceito central de precisão e estabilidade, como inteligência primal da natureza em manter-se geradora.

Não faz muito tempo os brinquedos dos parques eram muito mais altos, desafiadores e provocadores. Não faz muito tempo nossos pais confiavam em nós para irmos. Ainda na década de 80 do século XX vivíamos pulando os muros dos quintais e correndo pelas ruas das cidades e desbragados, ladeira abaixo, descalços, controlando nossos rolemãs feitos de tábuas cheias de farpas.

Não foi só a violência que nos tirou tudo isso, não foi só o crescimento das cidades, não foram só os *videogames* e o mundo que envolve as telas. A categoria antropológica infância é uma mina de ouro e um território de afirmação para muitas corporações profissionais e ramos do lucro e da política.

Fomos delegando nossas crianças, desconfiando do poder da natureza e seu ciente trabalho em engendrar um sentimento de eu, desde um corpo forjado por eras. Rápido o mercado da infância invadiu os consultórios pediátricos, as escolas, as políticas públicas, os divãs. E a criança – na mesma medida em que a ideia de infância subiu ao pedestal do discurso – foi sendo execrada de seus direitos, foi perdendo sua liberdade, foi sendo vampirizada por toda sorte de rapinagem educativa.

Os autoritarismos que costumam arrastar nações inteiras incapazes de discernir, parasitários do medo, sem a perspicácia de seu senso próprio, de sua pulsão de liberdade, são só sedutoras ideias ou são cabrestos instalados no núcleo neural (corpo) de nossas identidades? Seriam arreios tranquilizadores para nossos incontornáveis impulsos de sobrevivência?

Quando haveremos de redescobrir que os sonhos de restauração de nossa humanidade só existem bem encarnados? A excarnação (Aleida Assmann) como ideia de fragilização daquilo que já não sobrevive mais na prática viva no seio de um povo, e portanto perde seu corpo, sai da vida vivida e oral e vira-se em escrita (para de algum modo sobreviver), vira-se em lei, vira-se em ditame governamental, vira-se em discurso institucional, dogma religioso, não seria um conceito apropriado para examinarmos o problema estrutural do conceito de infância? A infância é uma excarnação da criança?

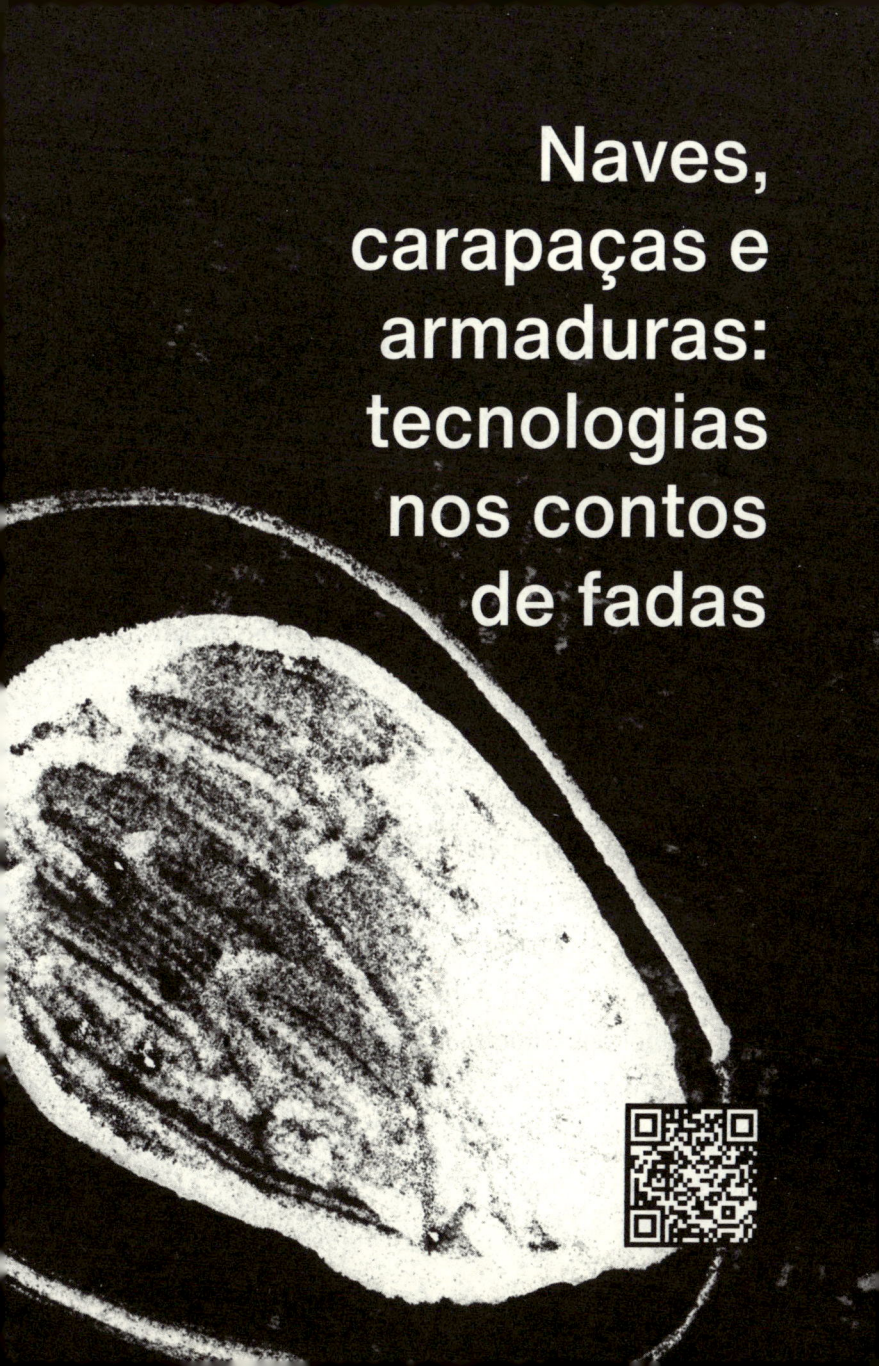

Naves, carapaças e armaduras: tecnologias nos contos de fadas

Operar magicamente no mundo valendo-se dos meios tecnológicos não começou com a chamada "literatura de ficção científica". Isso é um sonho muito antigo que já impregnava as mitologias mais recuadas.

O desejo bioimitador de reprodução de muitas formas da natureza nos fez criar, das carapaças dos bichos, as armaduras, nos fez imaginar, dos raios e coriscos, a energia para os tantos carros de fogo nas mitologias e contos, nos fez investigar a aerodinâmica das penas e conceber possibilidades de voo. O engenheiro Dédalo e seu filho Ícaro certamente não foram os primeiros.

Essa operatória que trabalha numa biomimética não é só invenção do mundo consciente que se põe a pensar e narrar. É, sobretudo, *modus operandi* de nossa interioridade. Funcionamos mimetizando a natureza. Mais do que isso: funcionamos como funciona a natureza. Pois, se fôssemos imitar a natureza, seríamos outra coisa que não natureza. Na realidade, somos endomiméticos. Imitamos a nós mesmos: a natureza. Todo fabulário de imagens que produzimos em nós são aspectos de relação e regulação que estabelecemos com a vida toda.

Quando essas imagens surgem de modo tão imparcial e até indiferente, como nos contos, são como cantos das musas, vêm trazendo mensagens da arquitetura da vida e sua aparição na existência humana.

Naves não seriam a força mágica de superar a pressão do espaço e a angústia do tempo? Não seriam recursos da consciência para impulsionar sua expansão, sua supervisão, sua onipresença? Não seriam essas coisas voadoras o ato de redenção da condição vexatória dos que se arrastam? Os cavalos alados não unem poder e velocidade? Ao mesmo tempo, e por isso mesmo, não inspiram a liberdade? O senso de liberdade das crianças mais se vincula ao poder ou à velocidade?

As carapaças nas costas de um sapo, no dorso de um dragão, nos cascos de uma velha tartaruga, ou na pele quase fossilizada de um crocodilo, trazem muitas vezes uma espécie de asco de todo aquele acúmulo de velhice, há um receio em tocá-las. Armaduras são fardos do tempo? São defesas cansadas, envelhecidas, incrustadas? Armaduras são amortecedores? São boas ferramentas para impactos, hábeis para as tarefas impossíveis, seguranças para as batalhas? Qual o peso da armadura de cada criança? Como ela a forja? Quais matérias-primas afetivas (sentimentos) ela usa para modelar seu gládio? Para quais finalidades a criança usa gládios? Por que o Super-Homem, o Homem de Ferro e tantos heróis blindados fazem sucesso?

Tecnologia na vida cultural é vontade de ir a Marte, desejo de morar na Lua, conquistar novas galáxias, ser habilíssimo na produção e nos negócios, luxar num carro de inteligência artificial. Tecnologia nos contos de fadas é desejo de falar com Deus, é vontade de transitar por mundos, é domínio do sobrenatural, é clariaudiência, telepatia, vidência. Seriam essas duas modalidades (cultura e contos) uma mesma?

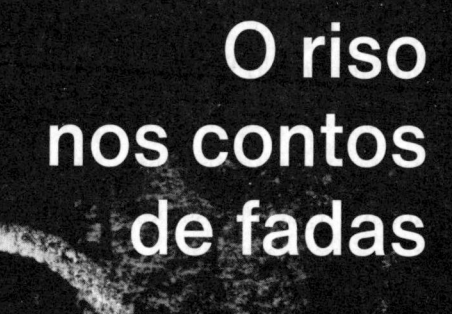

O riso nos contos de fadas

Normalmente gostamos muito mais do alegre, do brinquedo, do feliz, do leve, do visto à distância. Rir é ver à distância. Rir é flagrar o susto do outro, com o qual, naquele instante, não queremos nenhum laço afetivo. Queremos apenas rir dele. Rir é também uma forma de indiferença para consigo ou para com os outros. Quanto menor o compromisso afetivo para com o estabano alheio, mais livres rimos. O desajeitado súbito é sempre uma graça.

Também os pecados e os defeitos são engraçados, por isso mesmo sempre foram alvo de punição. Sempre receberam um recado, ao mesmo tempo que são o bode expiatório e se fazem o próprio recado geral, comunitário. O avarento recebe o recado pelo riso dos outros e também é recado, na medida em que é cômico, no seu obsessivo amealhar das ninharias.

É preciso distância para melhor ver o cômico. Se muito nos aproximamos, se muito somos empáticos, se muito nos sensibilizamos, mais entonação densa as coisas recebem. Mais nos comovemos e levamos a sério; menos somos capazes de ler o absurdo desconcertante implícito no viver.

Perversamente também criamos formas jocosas para punir as diferenças, implicar com os mais fracos, pilhar as cores que não desejamos, desestabilizar os gestos deficientes, excluir os que não aceitamos, massacrar as imperfeições alheias. As crianças, expostas como estão, trazem esse DNA brutal (degredo estrutural do diferente) muito ativo. Massacram-se logo cedo. Banem-se umas das outras. São cirúrgicas para as limitações do outro.

Inteligentemente também criamos vias de enxovalhamento de nós mesmos. Uma sabedoria é não nos levarmos a sério. Sermos nós os objetos das comédias que criamos. Sabidamente podemos aprender a analisar nossos defeitos e pô-los em praça pública, como antenas para a liberação dos outros. Eis a universalidade da graça do palhaço!

Também, como sugere Bergson, a comicidade pode gerar comoção, mas para tal é preciso que o riso caia "sobre uma superfície d'alma serena e tranquila".

Já nos contos, o riso pode adquirir feições mais netunianas, brumárias, profundas. Mais graves. Pois eis uma das paisagens mais dúbias do riso, mais cruéis, mais inseguras: os dentes. Com ou sem eles (os dentes), o riso demonstra os aspectos canibal, voraz, agressivo, irreverente, lascivo e beligerante da boca.

Talvez esse seja o fenômeno morfológico do riso. Se partirmos de sua fisiologia e forma, esbarraremos na boca e nos dentes que ali existem, ou um dia existiram, ou que ainda hão de existir. A boca é a paisagem do ato de rir. Há, entretanto, um riso mais anatômico, mais indiferente ainda. Portanto, chegamos aonde queremos, o riso nos contos de fadas e seu semblante de máscara: a feição nada simpática da cura.

Os contos dos povos jamais poderão ser bonzinhos, leves e bem-comportados. Quando são forçados em sua natureza brutal à brandura, perdem a força, fogem para as profundezas, não mais se comunicam, desaparecem em silêncio na escuridão. Eles são estruturas isentas, impassíveis, desapegadas. Não vieram agradar.

Portanto, a feição do riso nesses contos se manifesta mais para abalar do que para afeiçoar e descontrair. O riso é a boca, são os dentes e sons estranhos que dessa contração nervosa emergem. No geral, discretamente, a comicidade nos contos é uma porta para um caminho longo a atravessar. A personagem alegre, incauta, que só busca as benesses, se depara com um senão, um riso embutido, de aspecto às vezes animalesco, às vezes irônico, às vezes sem qualquer sanidade, mostrando a verdadeira e nada amistosa face da travessia.

O riso da máscara. A feição misteriosa do inconsciente. O riso da natureza a testar seus iniciantes, os candidatos à busca. Talvez esse riso seja a própria liberdade nos observando da margem além do rio, com piedade, por ainda tão medonhamente estarmos enlinhados, embaraçados, em quase nada. O riso bem distante dos que veem a comicidade do baile, porém sem música, que nos faz ridículos.

O riso da máscara, dos contos e suas florestas escuras é porta convidativa para aquelas crianças atentas, ouvindo do início ao fim, aguardando todo o desenrolar do drama. Pois o riso, nos contos, só conclui seu sentido de cutucão, de trovão, quando a jornada se completa subvertendo a pretensiosa organização do mundo pela qual sempre trabalhamos arduamente. A quem, na criança, o riso dos contos mira?

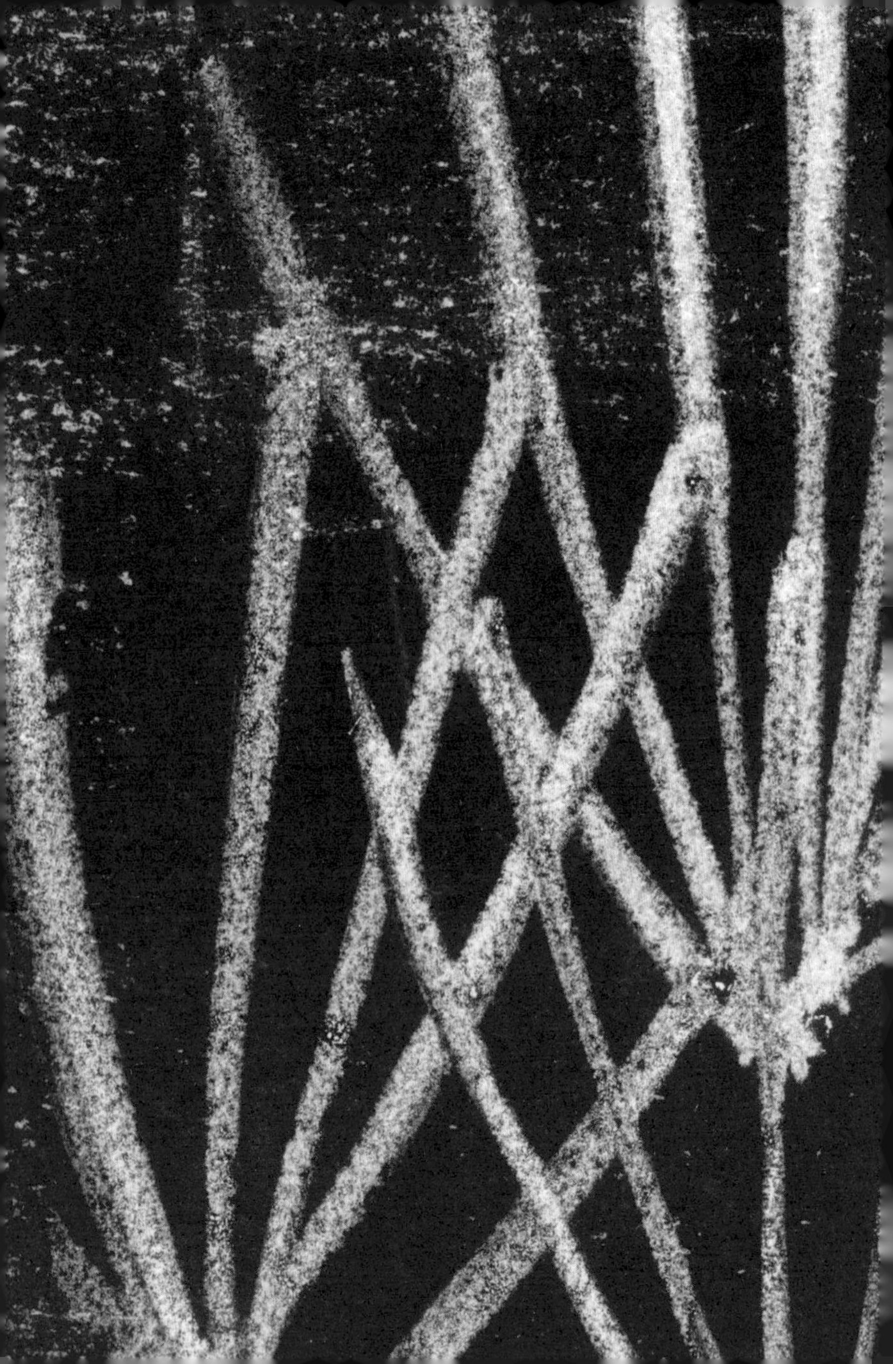

a criança na casa

A criança e a casa

Se nos atemos a imaginar em nossas casas de quando criança, mergulhamos num tempo só nosso, um tempo-lugar. Um tempo da memória que vira quando é um tempo espacializado. Nossas memórias de infância tendem a se construir no espaço e se aprofundar no tempo.

Raramente sabemos o tempo exato dos acontecimentos de nossa infância. Alguém tem de nos informar sobre isso. Mas sempre sabemos do espaço onde os acontecimentos se deram. A memória os grava e se sustenta neles.

Os espaços iniciais, primeiros, os lugares onde a memória guarda mais energia, são as casas em que vivemos na infância. As casas dos avós, dos pais, dos primos, dos vizinhos. Lá, em cada cômodo, deram-se nossos nascedouros.

Cada lugar de cada casa onde vivemos é um espaço profundo em nós. Temos essas casas escavadas, esculpidas em nós, como sendo elas, nós mesmos.

Lembram?

Do porão

Segundo Bachelard, a estrutura de nossa casa (alma) é vertical.

Se examinarmos a nossa casa, a antiga morada que somos, veremos que provavelmente o andar de cima, o sótão, foi construído no século XIX sob a influência dos pensamentos evolucionistas. Os quartos e cozinha logo abaixo, provavelmente feitos nos séculos XV, XVI e XVII com as ideias de culpa, tradição, salvação, trabalho como expiação da alma e tantas, tantas outras pulsações de poderosas fantasias.

O porão, o mais interessante de todos, a base de nossa casa, o mais oculto e misterioso, esse, numa metáfora de Jung, provavelmente tenha sido construído em cima de velha ruína, quem sabe, uma catacumba de sepultar padres missionários. E esta, construída sobre a pedra de um lugar sagrado guarani, que, por sua vez, se incrustava acima de uma caverna neolítica, tendo, abaixo de si, uma imensa galeria de águas azulíssimas e doces.

Viemos de muito longe.

A escada do porão só desce, diz Bachelard. Pensar no porão é quase impossível. Só descemos nele pelo imaginar. Para a imensa maioria das crianças, suas casas físicas não têm porão. No entanto, a alma, mais que tudo, é quase só porão.

Portanto, porão pode ser um conto, pode ser o terreno baldio, pode ser a casa velha abandonada, pode ser as histórias antigas da família. Nas noites bem vividas da casa, com histórias de grandes imagens, silêncios, memórias e medos (esses minerais de infâncias), abrem-se escadas para descer porões.

A cozinha, o fogo, a criança

Na casa que se sente pelo calor da cozinha, que recebe os amigos à mesa, que cultiva o encontro pelo fazer manual, pelo fogo e pelo sal, pelas ervas e pelos grãos, que pensa as refeições como quem cria, nessa casa, a criança encontra germes de partilha, filosofemas da terra, apontamentos sobre os frutos, indicativos sobre estar e habitar.

Em torno do fogo há sempre encontro. À volta do fogo há sempre uma memória, a presença de uma mãe que já se foi, uma avó, um avô padeiro, um tio conhecedor de misturas, um amigo pescador, um sentimento amplo e diáfano trazido pelo ressumar do alecrim.

Os aniversários das crianças – nessas casas cônscias de que o amor espreita o cozinhar – começam nos preparativos, alguns dias antes. Preparar já vaporiza carinho e cuidado por todo lugar, os cheiros dos doces e salgados, as cores dos papéis que embalam. As volatilizações de açúcares, únicas em nosso aniversário, criam pregnância em nossos modos de habitar no tempo e fora dele.

As cozinhas de nossas infâncias nos temperam nas memórias de nossas gentes. Firmam-nos no lugar em que os velhos, aqueles que eram jovens antes de nós, escolheram para cuidar, curar, nutrir, lavrar.

Casa preguiçosa de cozinha é casa escassa das práticas de se doar. Venturosas são as crianças que crescem em torno do fogo, que com ele aprendem dos sonhos de transformar, apurar. Aprendizes do tempo pelas lições do ponto.

Corre lá, menino! Tá no ponto!

A criança e o quarto

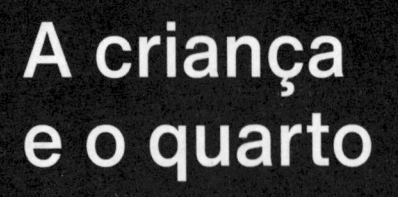

O quarto alcança a expressão de maior maternidade da casa. É o abraço da casa. Quando nascemos, nosso centro espacial é o quarto. Todos os outros espaços transformam-se em pontes que desembocam no quarto do recém-nascido. Lá está o segundo lugar de contenção, depois, é claro, dos braços da mãe: o berço.

Quando se prepara a chegada de uma criança, se pensa em espaço. Onde ficará? Como será o quarto? Uma renovação afetiva acomete a todos, se instaura num lugar, num centro, no quarto. No aconchego desse lugar de chegada é que se reúne o essencial à criança.

Quando rememoramos esses quartos, na maioria das vezes estamos sós. Os momentos mais bem guardados são os de nossa solidão. Os espaços de nosso quarto, nas gavetas, nos armários, debaixo da cama, por entre os brinquedos, cada coisa, ali, se alcançada hoje por nossa memória, quando tocada por nossa lembrança, nos asperge de um sentimento de um tempo, de uma aspiração.

Uns desejavam logo crescer; outros, nunca deixar de ser criança; alguns muito queriam ver seus pais sem guerra; outros desejavam ardentemente que a escola não os tirasse de seus sonhos mais doces, e muitos, muitos de nós, nutriam a esperança de que os seres benéficos nos livrassem das longas noites de pesadelos. Pois crianças dadas a pesadelos sabem bem de seres malévolos. E as paredes de seus quartos, alguns brinquedos específicos, o cheiro do travesseiro, são cúmplices dessas tensões imorredouras.

Esses sentimentos podem ser restaurados em nós ou – para nosso bem – novamente narrados, se trabalharmos no recordar. Eles estão guardados no nosso quarto. Estão lá, agora; é só se pôr na contínua e viscosa façanha de rememorar.

Em quantos quartos nossa criança se criou? Por onde entrava a luz? Qual espaço do quarto ela tocava? Onde ficava nossa cama? E os brinquedos? Logo nos vemos em solidão quando entramos nessa ambiência, o tempo manifesta suas auras. A solidão na infância é fundamental para que a criança infiltre seu ser nos poros dos espaços. Quarto, espaço de se recolher ou de se encolher. Portanto, núcleo de nosso destino.

O abrigo onírico

Mais do que a casa espacial, por minúscula que seja, ou imensa, mais do que o porão, a cozinha, o quarto ou qualquer aposento que queiramos incluir, existe, antes de tudo isso, a verdadeira casa. A casa ser.

Quando o espaço da casa física, na nossa infância, nos aciona algum movimento, alguma descoberta, é, antes de tudo, por nos ter feito imaginar. O espaço, a morada de nossa infância, evoca em nós uma atitude dada ao sonho. Criamos, inventamos, exploramos o espaço, pela fricção depurativa da imaginação. Só a criança, sonhando maior do que o mundo, assenhora-se do ser de seu lugar natal.

A consequência é que o espaço de nossa casa, repetimos, por minúscula que seja, não é desenhado em nossa memória e, muito menos, topografado em nós como um retrato fiel do espaço real vivido, mas ele é equalizado, tonalizado, sintonizado com o espaço de nossa vida interior.

A imaginação equaliza o meio externo, a casa real, à imensurável extensão neurossimbólica do espaço interno. O espaço de nossa casa que nós capturamos em nossa memória, repetimos mais uma vez, uma choupana que seja, é transposto para a linguagem-memória da consciência anímica na criança.

Desde os primeiros gestos do bebê no solo de sua intimidade, no espaço sensorial de sua casa, o ser (re)desperta para (re)iniciar sua construção contínua da casa onírica. Construção infinita. O estado de ser na imanência não é biográfico. Ele é uma fenda para o imemorial.

O catalisador das qualidades íntimas, da repercussão da casa real, para a casa onírica, mesmo a casa real sendo debaixo da ponte, essa amálgama de sonoridades e contatos constitutivos é a atmosfera gerada por quem cuida, vem pelo carinho. A atenção, essa forma primordial do amor, aquece toda a resina, todo o material plástico do abrigo, e o rejunta num todo coeso, arquitetando uma casa estética, uma morada especialmente personalizada em cada significado, em cada acontecimento. Uma morada para cada feição do tempo.

O carinho, a atenção amorosa, nos encalça para fazer abrigos – mesmo que nomádicos, temporários – cheios de sentido e valoração. Os seres não nascem no parto.

Os seres vão nascendo, de abrigo em abrigo, de acolhimento em acolhimento, de refúgio em refúgio, vivendo todos na imensa casa cosmos e procurando no infinitesimal uma pousada, uma espera, um lugar de temporada, um aconchego. No imenso cosmos buscamos as grandezas infinitamente pequenas de poder morar. Só nesse pequeno estado de abrigo, dentro de um quarto, numa concha, num berço, dormindo na cama entre os pais, nos daremos conta da extensão perpétua que faz trânsito em nós.

Dos que moram e dos que escoam

Sem o movimento não haveria maré, nem o testemunho dos olhos, nem o sibilar da pinha atravessada pelo vento. Nosso pensamento move-se assombrosamente. A Terra, na altura da linha do equador, gira a 1.700 quilômetros por hora em torno de seu próprio eixo. Desde muito antes dos aviões e navios a motor, a toada de movimentação de humanos e animais em cima da Terra colaborou para a gestação de imensos jardins e biomas como o cerrado, a Amazônia e as florestas tropicais. O movimento intenso nunca nos foi estranho. Ele sempre carregou de um lado para outro universos de memória e biomiscigenação, universos etnosféricos de transfusão de subjetividades e universos metafísicos de investigação de aléns e mundos outros a descobrir.

Somos movimento nomádico, os seres são nômades, carregando consigo universos. Cada universo, nessa multitude de existências, tem o aspecto geral da espécie à qual pertence e aspectos de individualidade, pois cada ser manifesta a si próprio. Viver sempre exige que os seres venham e sejam, que se movam. As espécies que se adaptam e vivem, exigem que seus seres venham e sejam, atuem, manifestem suas particularidades. São universos próprios dentro do grande universo daquela espécie. Os seres, ao se moverem, sentem e se ressentem. Cada um deles, em sua pequena particularidade, por mais ínfima que seja, sente.

Mas, nessa multiplicação infinita de universos, temos de distinguir, não sem um pesar, o ser pessoa dos seres outros. Há até pouco tempo nós humanos chamávamos os animais também de pessoas. Existem vestígios disso em povos da tundra russa, em povos amazônicos, em tradições orais da África ocidental. Mantínhamos relação com os seres a partir da ideia profunda de que todos são consciências. Mas, nesse gradual distanciamento e distinção do movimento humano em relação ao movimento dos demais seres, de nossa forma de nomadismo para com a forma de nomadismo das demais espécies, nos resvalamos num abismo perigoso.

O movimento humano, em boa parte, tem deixado de ser um nomadismo na paisagem para se tornar uma errância na extensão virtual. O movimento deixou de ser rítmico, de acordo com as pulsações do espaço natural e suas marés e estações, para ser uma contínua correnteza irrefreável. Os demais seres ainda lutam e se adaptam na paisagem para viver uma vida "ritual", dentro de pulsos biológicos do planeta, como "carne na carne do mundo" (Merleau-Ponty). Mas nós já não queremos fazer "casa no tempo", para usar uma expressão de Byung-Chul Han. Já não consideramos as rítmicas rituais um amparo de adaptação e sustentação perante as condições inóspitas da existência. O ritual é uma forma de construir morada no tempo, segundo Byung-Chul Han.

Saltamos vertiginosamente do ambiente terreno onde vivem todos os seres para o ambiente virtual, que não tem estações, não tem pulsações, é uma corredeira sem tréguas, arrastando o que há pela frente. Viciamo-nos em doses altíssimas de velocidade, para muito além dos modestos 1.700 quilômetros por hora da Terra. A Terra, nesses bilhões de anos, veio se desacelerando, auxiliada pelas frenagens dos oceanos. Só assim estabilizou a dosagem de sol e noite sobre suas faces. Os dias ficaram iguais às noites. A partir daí, a luz do Sol pode fazer seu trabalho: eclodir vida no planeta.

Nós, ao contrário, estamos acelerando nesse ambiente extraplanetário que é o virtual. Estamos aumentando as noites, vivendo noites frias, desérticas e sem sonho, ao mesmo tempo que diminuímos a incidência de sol. Minguando vida. Sem equilíbrio gerador, exaurindo-nos, ficando estéreis, sem tréguas, sem pouso, sem parada, sem morada, sem modos de criar significância, desatentos. Universos em movimento de colisão, que não se querem frenados, rítmicos, pausados.

Os nômades nunca tiveram moradias definitivas no espaço da paisagem, sempre construíram choças temporárias, mas que eram pousos, paradas fartas de significados. Por onde passavam, criavam sentido, ritualizavam seus assentamentos, significavam o lugar com suas festas, colhiam as matérias-primas para suas artes fiadas com a memória daquele lugar. Tinham pequenas choças no espaço, mas verdadeiros palácios, templos, mansardas, *foyers*, varandas e catedrais erigidas firmemente no tempo. Eram refinados arquitetos de sentidos. Meditadores de universos.

Hoje estamos desterrados do espaço, pois nossa casa virou apenas dormitórios onde se dorme mal. Hoje somos banidos do tempo, pois não sabemos mais como morar nos significados. É necessário que saibamos nos recolher do virtual espaço extraterrestre. Fundamental que saibamos voltar para o espaço terreno do tempo. Na vida terrena o tempo deseja ser desenhado, materializado, construído na paisagem, na amizade, no labor corporal, no carinho das mãos, nas formas rituais de fazer as coisas. Na vida terrena a terra gosta de ser cuidada.

Somos terráqueos, pelo menos por enquanto. Então necessitamos dar às nossas filhas, aos nossos filhos, uma experiência material, matricial, materna, corporal, naturante, encaixada na paisagem, interessada nela, comprometida com ela, atenta aos seus pulsos. As crianças têm sofrido brutalmente na vertigem da correnteza. Seus pousos são escassos e já não têm símbolos. Suas funções simbólicas estão sendo colonizadas pela pauperização icônica (sinal meramente informativo, sem significância). As famílias, quixotescas, engajadas em militâncias desde as mais milenaristas, malucas e fanáticas até as mais democráticas e bem-intencionadas, descem, desabaladas de tudo, pela correnteza abaixo. Desbragadas pelo arrastão, notoriamente adormecidas, não se dão conta de que as crianças, as criaturas em seus começos, almejam não as demandas da urgência inventada, mas estados de tempo, pousos bem aninhados, calma para os ouvidos sonarem o mundo, respiração para a alma contatar seu universo.

Nossas crianças são filhas dessa nossa época e sentem as contingências muitas vezes violentas do que nela ocorre, e levarão consigo, na sua constituição, os traços desses acontecimentos. Mas temos o dever incontornável de garantir a elas algo anterior às lutas do tempo social capturado; temos o dever de fazer do tempo uma morada cheia de sentidos, de milagres, de confiança.

Temos o dever, para com as novas gerações, de trazer para o tempo, como diria Nietzsche, a sua função redentora: o extemporâneo. Só assim saberemos arquitetar nosso tempo. Assim voltaremos à terra. Assim conheceremos os multiversos. É na lavoura da vida simbólica e nas pedagogias do aninhamento e do enraizamento que nasce o sentimento seguro de que a vida é também uma baía, um continente, uma enseada.

Este livro foi composto em Fairfield
e impresso em papel Pólen Bold 70 g/m²
nas oficinas da Eskenazi em novembro de 2023.